音職人・行方洋一の仕事

YOICHI NAMEKATA'S WORKS

行方洋一 著

DU BOOKS

はじめに

僕はいま75歳。１９６０年の東芝音楽工業入社から数えて、録音エンジニアになって58年が過ぎた。

自分で言うのもナンだけど、国内の現役エンジニアたちの間でも最長老のひとりだ。ハタチそこそこの駆け出しのころには、よもや75の爺さんになっても録音の仕事を続けているとは露ほども思っていなかったから、お呼びが掛かることは本当にありがたく、仲間たちに感謝している。

とはいえ、寄る年波には勝てない。

東京都内に構えていた拠点も２０１７年末に手放して、いろんなことの整理に入った。その一環で自宅に保管している過去のアナログ・マスターテープをデジタルデータ化して、アーカイブする作業をずっと続けている。

「老骨に鞭打つ」というのがぴったりなんだけど、いまだにミキサー卓を挟んで、ひとり音楽に向き合っている時間がもっとも幸せだ。長年愛用してきたオーディオでも毎日のように音楽を鳴らしている。ここまで来たら、死ぬまで現役エンジニアでいたい。

それにしても、なぜこんなに録音に魅せられてきたのだろうか。

当たり前かもしれないが、やっぱり音楽や音そのものへの好奇心が人一倍強いほかに理由はない。目に見えない音を捉まえて、エンジニアの手で録音メディアに封じ込める、その不思議さや楽しさを愛しているのだ。だから録音する対象も音楽だけではなく、波の音などの自然音や蒸気機関車の走行音など、興味の赴くままにマイクを向けている。

エンジニアとして世に出た僕の後輩、弟子、教え子たちには「とにかく『自分だけの引き出し』をたくさん作れ」と口を酸っぱくして伝えてきた。簡単に説明すると、古今東西の音楽をたくさん聴いて耳を鍛え、音の記憶をストックして自分流にそれらを関連付ける。そして、その膨大な情報を「自分の引き出し」に入れておく、ということだ。

録音についての技術や知識を裏打ちするのが引き出しの多さであり、最後は耳から得た経験値がものを言う。どんなにコンピューター録音が発達しようとも、これだけはずっと不変だろう。

優秀なエンジニアはみな、歌手やディレクター、アレンジャーからのリクエストや理想に応えて瞬時に行動していく。緊張感あふれるスタジオ内の雰囲気を和らげて、スムーズに録音を進行させる手腕も一流のレコーディング・エンジニアに求められる。引き出しをパっと開けて、臨機応変に必要なものを取り出せることが大切なわけだ。

エンジニア（僕が若いころはミキサーマンと呼ばれた）は、多くの場合、直接音を触る唯一の人間だ。アーティスト本人はもちろん、それまで楽曲作りに関わった作詞家、作曲家、編曲家、歌手、演奏者、ディレクター、プロデューサーなど多くのスタッフの苦労の結晶を、テープに、いまならばハードディスクに焼き付ける。

恐ろしいもので、エンジニアの腕ひとつで、録音物の出来、不出来は決まってしまう。どんなによい楽曲よい演奏だったとしても、録音状態がベストでなければ音楽を台無しにしてしまうのだから、責任の重い仕事だとつくづく思う。

飛び上がるほどうまくいくこともあれば、数えきれないほど失敗もした（大半は都合よく忘れてしまっているけど）。どうしたら少しでもよい録音にできるか、そればかり考えてきた半生だと言える。

僕はこれまでに、さまざまなアーティストの録音を担当してきた。そして再生メディアはS

Pで始まり、デジタルデータへと姿を変えた。

本書では、この58年間で僕が出会った個性的な歌手、アレンジャー、ミュージシャンとの録音の様子を中心に、彼らとのエピソードを記した。日本を代表する歌手たちの逸話は、日本のポップスと歌謡の歴史としても読むことが可能だろう。

また、いまやヴィンテージになった機材や、すでに消えてしまった録音スタジオの名前がいくつも登場している。当時のレコーディングがどのような機材と場所で行われたかを知ることで、ポップス黎明期から録音現場がどう移り変わっていったのか、その片鱗がご理解いただけるかもしれない。

僕の自伝的な内容になっているので、録音エンジニアがどんなふうに仕事をしてきたかもおわかりいただけるだろう。

録音では、同じ機材を使用しても同じ音にはならない。レコーディングには、必ずエンジニアの個性や感性が注入されているから、それぞれ固有の音が生まれる。だから本書のタイトルに記したように、エンジニアは「音職人」だと考えている。

行方洋一の音はどうだろう。本書を読んで、ぜひ実際の音も聴いてみてほしい。

目次

はじめに……2

第1章　黎明期の日本ポップス録音業界へ……11

幼少期のこと／放送部と井戸エコー／東芝音楽工業の録音部へ配属／間借りオフィスからの出発／録音スタジオなきレコード会社／ついに初めての録音

第2章　和製ポップスから始まった60年代……31

ひとりでエンジニア卓に座る／あの坂本九を録る／九さんのマイキング／〈明日があるさ〉のリアルなサウンド／ミコの〈ビー・マイ・ベイビー〉／「おい、針飛びするぞ！」／ステレオ時代の本格到来／爆音バンド、ブルージーンズ／初のベンチャーズ歌謡を録る／ステレオ音響の進化／念願の自社スタジオが完成／スタジオでも爆笑のドリフターズ／常識を覆した「音屋会」／エンジニア兼オーディオ評論家

第3章　歌謡曲の時代と録音……69
不良社員の仕事法／〈京都の恋〉の渚ゆう子／〈さいはて慕情〉の機関車／欧陽菲菲と台湾レコーディング／台湾の作曲家、翁清渓との出逢い／京都ベラミでの欧陽菲菲／日本初のジェットマシーン誕生!?／〈涙の太陽〉の思わぬ反響／歌謡曲の黄金時代と歌い手たち／オーディオフェアのこと

第4章　テレビ主題歌とCMソング……101
〈サザエさん〉録音秘話／〈ウルトラセブンの歌〉のコーラス／生録の飛行音を入れた〈アテンションプリーズ〉／CM音楽を録音する／サミー・デイヴィス・ジュニアとの思い出／『ドラゴンクエスト』のオーケストラ録音

第5章　アルバイトする東芝社員……121
太田裕美さんとの仕事／平山三紀の声の魅力／ジャズの録音と仲間たち／中村照夫さんとの友情

第6章　高音質録音・再生への挑戦……135
時代とスタジオ環境の変化／フェーダーは触らせない／JBLスピーカーとの出会い／モニタースピーカーの重要性／スタジオの顔はAPI／4チャンネル再生のこと／プロユース・シリーズの誕生／『アビイ・ロード』の世界初リマスタリング／ダイレクト・ディスクに挑む／ダイレクト録音独特の緊張感／プロ中のプロも「もう懲りた」／シリーズ名に待ったがかかり……

第7章　なんでも録音してやろう……181
蒸気機関車の音にしびれる／機関車録音のテクニック／「サウンドラマ」のこと／青森のねぶた祭のお囃子

第8章　フリー・エンジニアとして生きる……199
東芝EMIを退社する／アラン・サイズとの出会い／80年代オーディオフェア用のLP／デジタル時代の本格到来／渋谷森久さんとの思い出／台湾と中国で

の録音／1990年代と新たな挑戦／石川さゆりさんとの録音／大きな挫折を味わう／「ExMF SERIES」のマスタリング／鶴田親子のデュエット／僕の考えるリマスタリング／リマスタリングの難しさ／佐野元春さんからの電話

おわりに …… 238

プロユース・シリーズ
プロユース・ダイレクト・カッティング・シリーズ　ディスクリスト …… 242

＊本書に掲載している東芝スタジオの写真は、東芝EMIのOBのかたからお借りしました。

東芝EMI
スタジオ

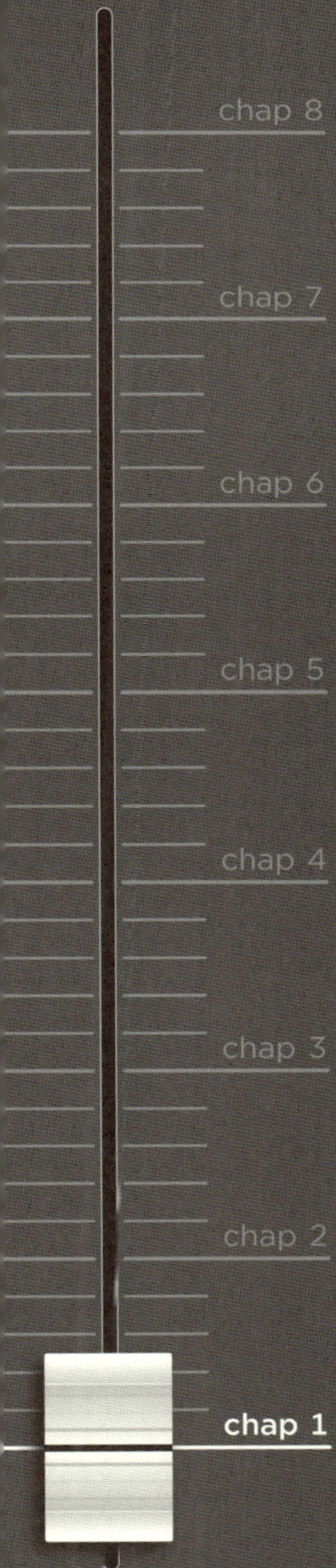

第1章　黎明期の日本ポップス録音業界へ

幼少期のこと

まずは簡単な自分のエンジニア前史から始めることにしたい。昭和30年代前後の日本人に音楽がどう楽しまれていたのか、少年時代の僕を通して垣間見られると思うからだ。

僕は１９４３年1月24日に東京荒川区三ノ輪で生まれた。

父は海軍の軍人で、茨城県は土浦の霞ヶ浦航空隊と土浦航空隊に付いて戦闘機の整備をやっていた。それで僕が生まれて間もないころに土浦へ引っ越して、そこに落ち着いた。

小さいころは、新し物好きだった父がたくさん所有していたＳＰ盤を片っ端から聴かせてもらって、おもしろがって聴き入るような子供だった。そんなことで、レコーディング・エンジニアという仕事をする以前から、技術的なことも含めて音楽に強い興味を持っていた。「レコード盤から音が鳴る」という不思議に魅せられていたわけだ。

中学生になった1956年ころ、45回転のドーナツ盤を聴くことができるジュークボックスが土浦市内のかすみデパートに登場する。いまの人には驚くべきことだろうが、店外の通りに設置された街頭テレビならぬ「街頭ジュークボックス」。1曲分の料金である10円玉を握りしめて音楽を聴きに行った。

それでよくかけていたのがパット・ブーンの〈砂に書いたラブレター〉。蓄音機を持っている人も少なかった当時、このジュークボックスは、好きなときに好きな音楽を聴くための重要なハードウエェアとして人気を博していた。

当時レコードで聴いていた曲をざっと挙げてみよう。

ドリス・デイ〈ケセラセラ〉、ジョニー・レイ〈雨に歩けば〉、ハリー・ベラフォンテ〈バナナ・ボート〉、ザ・ダイヤモンズ〈リトル・ダーリン〉、エディ・コクラン〈バルコニーに座って〉、ビル・ヘイリーと彼のコメッツ〈ロック・アラウンド・ザ・クロック〉、デル・シャノン〈悲しき街角〉、ジョン・レイトン〈霧の中のジョニー〉、ボビー・ヴィントン〈ミスター・ロンリー〉ポップスもロックンロールも関係なし、フランク・プゥルセルやマントヴァーニなどの、イージー・リスニングもよく聴いていた。

50年代後半から60年代頭の中学から就職直後くらいまでの愛聴曲で、東芝に入って「和製ポップス」の録音を担当するときに、これらのレコードが重要な引き出しとなってくれる。

余談だが、東芝入社後に、フランス・パーロフォンから送られてきたフランク・プゥルセルの一連のコピーマスターを日本で再生すると、左右のチャンネルが逆になってしまった。テープレコーダーのヘッドの位置が日本とは違って奥側についていたからで、あとからはどうしようもなかった。当時のレコードをよく聴いてみると、ファースト・ヴァイオリンが右にいることがわかると思う。

子供の小遣いではドーナツ盤すらなかなか買えず、新しい音楽を聴く手段はもっぱらラジオだったが、いっぱしの音楽ファンを気取っていた。

放送部と井戸エコー

中学生になると、僕はもっと身近に音楽やレコードと接する機会があるに違いないと目論んで放送部に入った。幸いにも顧問は文化放送局出身の新任教師の安藤光夫先生で、このときの経験がその後の人生を決めたと言ってもいい。

安藤先生は当然プロの現場を知っているし、それでどうせならばと、学校に掛け合って8インプットの真空管式ミキサーを用意してくれた。

ストレート・フェーダーを見慣れた今でこそ古風と思えるが、印象的な丸ボリュウムが付いていた。最新鋭の機械を使えることに興奮したことは言うまでもない。卓のそばに置かれた78回転のSP盤をかけられるレコード・プレーヤーには、2つのターンテーブルと3本のアームがあり、盤を続けて再生できる仕組みだ。1枚のSPがエンディングまでいくと、隣のターンテーブルに乗せたSPに針を乗せて用意して、続けてレコードをかけられるという。家で使っている電蓄ではなく、本格的なオーディオ装置に触れたのもこれが最初だった。あとで聞くと、やっぱり「元放送部」は音楽やオーディオの業界に少なくない。

さらに、分室のようなところに簡素な録音スタジオを作ってくれたことも大きかった。そこで放送部では既存のレコードをかけるだけではなく、自分たちでオリジナルの番組を録るようにもなった。お世辞にもハイファイとは言えない音質だったが、中学生の自分は、本物のエンジニアになったような気がしていた。

もちろん公立の学校なので、それ以上設備にかける金銭的な余裕はなし。だから欲しい音を録音するために、先生の知恵を借りつつ、手作りでいろいろ工夫していた。このときに養った実験精神はプロの現場でも大いに生かされることになる。

たとえばリバーブ。原音に響きを足すための「エコールーム」というものの存在は先生に教えてもらったのだが、当然そんな設備などあるわけも、作れるわけもない。学校内で壁が頑丈で、適度に狭くて音がよく反響しそうな場所は……井戸だ！

さっそく学校の井戸の中に6インチ半ユニットのついたスピーカーを吊り下げて音を出して、続けてぶら下げたマイクでスピーカーから出たリバーブ付きの音を収録する。井戸は深いしコンクリートで作られているから即席エコールームとして十分で、なかなか深い響きが録れるじゃないか。この実験は先生も楽しんでくれたし、音を録るというのはある面で「なんでもあり」なのかも、と思った最初の出来事だった。

だが全校生徒が僕たちの放送を聴くための環境は、ひどい有様だった。だから、自分たちでスピーカーを教室全部に取り付ける作業を買って出て、ケーブルもすべて引き、そのままスタジオから放送を各教室に届けられるようにしたのだ。

当時はまだ生徒が多い時代だったので、ひとつの学年に6クラスくらいあり、ほかの教室も含めると全校で40教室以上あったが、すべてに自分たちで作業を施した。配線も、電柱でよく見る白い碍子（がいし）を5メートルおきくらいに埋め込んで、ケーブルが外れないようにバインド線で結び、各教室のスピーカーにケーブルをつないでいった。

中学生にはなかなかの難事業だが、配線方法を覚えるのに大いに役立った。当時の放送部員は5～6人だったから、音に対して愛情を持っていないとできなかった。そのあと本業にしたのは僕だけだったけど。

アナウンス・ルームもあるし、ミキシング・ルームもあって、みんなに聴いてもらう準備も整った。昼休みには月曜日から土曜日まで全部違う番組を放送した。ニュース、公開録音、ドラマ、各クラスの歌の上手な奴が歌う番組……と趣向を凝らしたものだ。

スポーツ・ニュースも放送して、野球などの対外試合の実況録音などにも行った。その際の相棒は肩に担いだソニー・デンスケ。たぶん初代のPT－3というモデルだろう。録音の電気回路部は電池駆動だったが、消費電力を抑えるためなのかテープリールはゼンマイ駆動で回っていた。野球の試合は長いから、テープの残量と手動でゼンマイを巻き上げるタイミングが気になってしかたなかったのを思い出す。

こんな毎日を送っていたものだから、音というものへの興味がどんどん増していった。そして放送部の活動が評価されて、文部省認定の放送教育・視聴覚教育の第一期校にも指定されたのだから、いかに僕たちが熱心だったのかがおわかりいただけるだろう。そんなわけで僕の最初の師匠は安藤先生だ。

一転、高校では仲間との遊びが第一で放送部に入ることもなかったが、音楽を聴くことは相変わらず好きで、当時のＬＰやシングル盤はそこそこ買っていた。オーディオに目覚めたのも高校時代で、秋葉原の電気街に行くのが何よりの楽しみになった。これはいまでもそう。

既製品のアンプは高嶺の花で、部品を買い集めて自作する以外に手段がない。手前味噌だけど、半田付けの技術は誰よりもうまかったと自負している。秋葉原のガード下の店はほとんど知っていたし、いまはない平方電気という店によく通って、そこでいろいろな人と知り合った。

スピーカーは、コーラルの8インチウーファー8L-1とトゥイーター（型番はおそらく2H-2）を用意してこれも自作。実家にあったがっしりした作りのターンテーブルをつないで鳴らすと、結構いい音がしたな。

東芝音楽工業の録音部へ配属

高校を卒業していよいよ就職ということになった。大学へ進学する友人も少なく、僕も就職以外の道を考えていなかった。

たまたま母の知り合いが東京芝浦電気（のちの東芝）を紹介してくれて入社試験を受けることになった。ゆくゆくは音楽にかかわりのある仕事に就きたいと漠然と思ってはいて、電機メーカーなら当たらずとも遠からずだな、という気分。

簡単な試験と面接を経て幸いにも入社試験に合格すると、１９６０年4月、今の神奈川県川崎市柳町にあった堀川町工場で働くことになった。高度成長期の東芝は、本当に活気のある会社だった。

電車などを作っていた重電部門も、白物家電の軽電部門も軌道に乗って絶好調。新製品と新技術の開発を推進するとともに、既存工場を拡張するわ新規工場を建設するわの急成長。市場の需要拡大に応えて業績は右肩上がりだし、その一員として働けることはうれしかった。

入社して半年ほど、ひと通りの新人研修を終えたころだろうか。当時の総務部長が「履歴書を見ると、中学校では放送部でがんばっていたみたいだね。レコードにも興味あるかい」と声をかけてくれた。何のことかと思っていたら、この10月に東芝のレコード事業部から「東芝音楽工業」というレコード会社を新しく立ち上げるので、そこへ異動させてもよいという。

明確な希望職種もなく入社した東芝で、降って湧いたように自分が音楽に直接携われるチャンスが巡ってきたのだから、運がよいとしか言いようがない。もちろん、なんのためらいもなく手を挙げた。

僕がエンジニアになれたのは、音楽制作という「新しい」事業に、東芝が本腰を入れようというタイミングで入社できたからだ。この偶然を逃していたら、はたしてどうなっていたのか……。

間借りオフィスからの出発

当時、東芝音楽工業（以下、東芝音工）はオフィスとして有楽町朝日新聞社の6階の部屋を半分だけ間借りしていて、もう半分はポンプで有名な荏原製作所が入っていた。

下の階には朝日新聞社の印刷機があって、午後仕事をしているとまわりは夕刊の搬出で大わらわだった。ご存知の通り、隣にはウェスタンカーニバルで知られる日劇もあったし、フランク永井の〈有楽町で逢いましょう〉を地で行く華やかな土地柄。そこが僕のエンジニア人生の出発点となった。

そのときの新人（いわば1期生）は僕と、もうひとりのエンジニア志望の男のふたりきりだったが、大卒だった彼とは年も少し離れていたし、あまり付き合うことはなかった。せっかくの仲間ではあったけど、そういう馴れ合いよりも、このチャンスをモノにして、一人前のエンジニアになることしか考えていなかったからだ。

先輩エンジニアは、草月会館出身のエンジニア多田百佑《ももすけ》さん、テイチクレコード出身の藤上さん、広告会社所属のエンジニアで純邦楽の録音が得意だった石渡さんの3人。なかでも10歳くらい上だった多田さんとは気が合って、いちばんお世話になった。いまではそんな気風はあまりないけど、当時の録音業界は上下関係と礼儀を重んじる徒弟制度の色濃いところだった。サラリーマンであってもエンジニアは「職人の流儀」で生きていて、1から10まで手取り足取り仕事を教えてくれるなんてあり得なかった。まずはその先輩たちに可愛がってもらえないと仕事が覚えられない。

仕事が始まれば、アーティストが一番、次がディレクターで、その次が先輩エンジニア。下っ端のメインの仕事は掃除だった。

朝会社に着くと、真っ先にオフィスを掃除。続いて四塩化炭素液に浸したガーゼを使って、間借りオフィスにある小さな編集室の機材を片っ端から磨いていく。

ぺーぺーの僕でも掃除のときだけは直接機材に触ることができる。僕はまじめに掃除をしていたのだけど、いっぽうではプロが使う機材に触って構造を把握したいという気持ちがあったのだ。

するとその努力は報われた。先輩エンジニアの多田さんが、「おまえのような年ごろだと、掃除なんてやりたくないとすぐ逃げ出す。本当に機材が好きなんだな」と感心してくれて、僕のことを気にかけてくれるようになった。

その編集室では、海外から送られてきたマスターテープのチェックが行われていた。日本盤としてプレスするために、先輩たちが曲ごとのタイムなどを確認していた。

多田さんはその部屋で、エンジニアになるための基礎の「き」から僕に仕込んでくれた。テープレコーダーの構造や使い方から、3つのヘッドをちゃんと磨かないと音がこもってしまうといった細かな注意点まで。エンジニアの教科書なんてない時代だから、すべては実地訓練だった。

アナログ録音において、テープレコーダーの調整は少しもおろそかにできないし、使いこなしにもコツが必要だった。多田さんは次第にそうした技術も教えてくれるようになって、録音と再生のヘッドがテープと最適な角度で接しているか（アジマス）、それをきちんと調整するにはどうしたらよいかなど、具体的なノウハウを伝授してくれるようにもなった。このレコーダーはアンペックスのモノ機を使っていた。

のちに、そこでよく編集していたのが、アルゼンチン・オデオンから届いたタンゴのレコード。エンジニアのなかで唯一のタンゴ好きだった僕が作業を独占できたので、よい修行になった。担当ディレクターだった中島さんというおじさんとも、タンゴ話で盛り上がった。

録音スタジオなきレコード会社

編集室しかない当時、実際の録音はどうしていたのか。

意外に思われるかもしれないが、レコード会社として本当に駆け出しだった東芝音工は、自社スタジオを所有していなかった。そこで初期は、主に博報堂の「麹町スタジオ」をレンタルして録音を行っていたのだ。

麹町スタジオは50坪ほどの広さで、本来はコマーシャル録音用のスタジオ。そこに常設されていた卓は、放送機器メーカー「芝電（SHIBADEN）」の真空管式8インプット・1アウトプットのもの。補助ミキサーとして4イン・1アウトのものも用意されていて、エコールームを通したリバーブをかけない音はこちらに入れるのが常だった。レコーダーは、当時から放送用として重用されていた日本電氣音響（現デノン）製だった。

僕が初めて目にして、ミキシングを体験したのがこの芝電の卓。多田さんのアシスタントにも頻繁に付いていたので、時間があるときには横についてみっちり使い方を教えてくれた。

多田さんは最小限のEQとリバーブだけで完璧なバランスで音作りをしていて、そのオーソドックスな録音手法は本当に勉強になった。

麹町スタジオは音楽専門のスタジオと違って部屋の響きはデッド（残響が少ない）だし、機材は実用性第一の製品ばかり。その音はお世辞にも音楽的とは言えず、色気のない無味乾燥なものと記憶している。

モノーラルの時代はまだしも、のちのステレオ時代になると満足できる音が録れなかった。そこで東芝音工が麹町スタジオ内にステレオのミキシングルームを作って共同で運営した。麹町スタジオ既存のエコールームは悪くない音だったので、うまく使うと自然な残響感のあるステレオ録音ができたのだ。

こんな苦肉の策を考えてまで、麹町スタジオを使っていたことにはもちろん理由がある。

60年代、エンジニアたちはレコード会社を越えた横のつながりがなかった、と言うか、不文律で禁止されていた。各社ともに録音テクニックが盗まれるのを恐れた結果なのだけど、それは外部スタジオを使うときでも一緒だった。だから音楽用途ではなく、コマーシャル録音が多くて同業者の出入りが少なかった麹町スタジオが選ばれたのだ。

僕はこの閉鎖的な慣習が嫌でしかたなくて、さっさとぶっ壊したかった。だから横紙破りのこともしたのでやんちゃと言われたけど、その話はもう少し先の章でしよう。

麹町スタジオに先約が入っているときには、有楽町朝日新聞社の7階にあった大阪朝日放送の東京支社のスタジオをレンタルすることもあった。こちらは30坪くらいで手狭だったので用途は限られたものの、音は意外にも悪くはなかった。

60年代初頭、そうした日本のスタジオが持っていたマイクロフォンは、どこも似たりよったりだったように思う。

リボンマイクは、ウエスタン・エレクトリック639「鉄仮面」やRCAの名機77－DXなど。その後、ソニーC－37A、ノイマンM49、M269やM67、AKGのC－414などのコンデンサーマイクが登場してくると、マイクの顔ぶれが多彩になってきた。ヴォーカルにはM269を使うことが多かった。

東芝は「Gベロ」と呼ばれたベロシティ・マイクや、「Aベロ」というRCAの44－BXの真似をした双指向性の大きなマイクを発売していて、それらがかなりスタジオに入っていた。東芝のマイクはほかに比べると値段も安かったので重宝されたように思われがちだが、それ以上に製品として優秀で僕もたびたび使うことになった。録音屋としては、ＡベロよりもＧベロを使うことが多かった。

のちの東芝「オーレックス」と同様に、レコード会社を持つと自社の製品テストができるメリットもあったし、録音機材もがんばって作っていた時代だった。

ついに初めての録音

入社して1年が過ぎ、ようやく「卓の前に座ってみるか」と多田さんのお許しが出た。初めての録音はダニー飯田とパラダイス・キング。ヴォーカルが佐野修さんと九重佑美子さんで、曲は〈ミスター・ベースマン〉だった。

大ヒットを飛ばす東芝のスターバンドを前にしてペーペーの僕がやり直しのお願いなんかできないから、ものすごく緊張した。歌とオケ（伴奏）は同録だ。

多田さんに手伝ってもらいながらマイクを立てると、

〈ミスター・ベースマン〉

何度かバンドに演奏してもらってマイキングを調整していく。ここでしくじると、うまく音が録れないばかりか、位相がぐちゃぐちゃになる恐れもあった。

録音本番も、後ろに付いた多田さんが「あせるな、あせるな」とささやいてくれたおかげで、少しは落ち着いたけど、初めて卓を前に座った僕はガチガチ。そんな僕を横目に彼は、曲とオーケストラの演奏を完璧に頭に入れていて、「次はトランペットのソロが来るぞ」となんて指示を出してくれる。

それに合わせてボリュウムを上げ下げすることしばし、気がついたらレコーディングは終了していた。同録のときはリアルタイムでフェーダーを調整して音を作る。演奏に合わせてチャンネルの音量を操作して、作曲家や編曲家のイメージした音にその場で近づけていくのだ。

でき上がったミックスを聴いてみると、楽曲に見事な表情が生まれているではないか。佐野さんのドゥーワップ風コーラスと、九重さんのリードヴォーカルの対比もうまく録れている。僕の録音デビュー作ではあるけど、多田さんなしには手も足も出なかった。

この時代に細かいEQはないから、音量のバランス感こそ命だった。これがエンジニアの仕事なのか……ただ音を録ればいいわけではなく、音楽を知らないと務まらないと身をもってわかった。

余談だけど、多田さんとは気が合って休みの日には遊びに出かけていたし、東芝本社出身の堅物上司（すごく付き合いづらい人だったな）の目を盗んではふたりで喫茶店に逃げ込んだ。彼とサボりに出るときは「椿」と声をかけていたのだけど、それは一緒に観た黒澤明の『椿三十郎』から考えた暗号だった。だから「椿」と聞くと、今でも亡き多田さんとのことを思い出す。

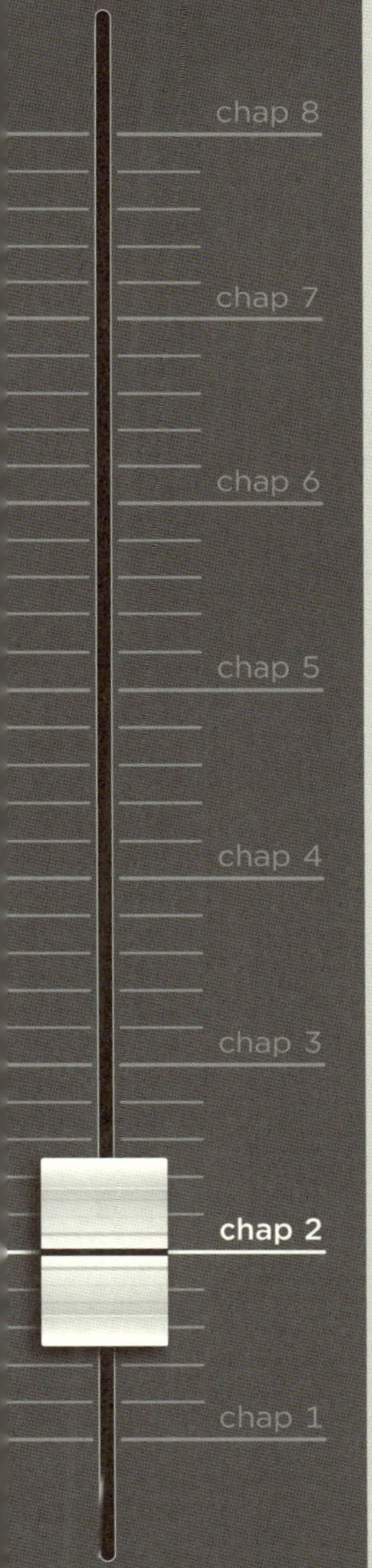

第2章　和製ポップスから始まった60年代

ひとりでエンジニア卓に座る

僕がついに独力でレコーディングを担当したのは１９６２年、森山加代子さんの〈内気なジョニー〉でのこと。ひとりで卓の前に座るのは気分のいいものだった。麹町スタジオで伴奏とストリングスを同時録音し、ヴォーカルはアフターレコーディング。ヴォーカルマイクはノイマンＭ２６９だったと記憶している。

弦が入る伴奏は大所帯になるので、麹町スタジオの限られたスペースとマイクの本数をやりくりするため、曲によってはグランドピアノのカーブの手前にドラムを置いて一緒に録音するなんて荒技もあった。かなり無理があるけど、それ以外にやりようがなかったんだね。

こうしておっかなびっくり仕事をこなしていき、レコーディング・エンジニアのひよっこができ上がってきた。

〈内気なジョニー〉

同じ62年では、ジェリー藤尾さんとの初レコーディングがとても印象深いものだった。それは大ヒットを記録し、ご自身の代表曲ともなった〈遠くへ行きたい〉だ。

録音はやはり麹町スタジオ。伴奏はチャンネル数のやりくりをわかってくれているミュージシャンたちの協力のおかげで、スムーズに録り終えられた。自分たちの演奏技術でうまく音量バランスを整えられるので、こちらはボリュウムをさほど気にしなくてもいい。それくらい力量のある人ばかりだったので、このころはどんな曲でもだいたい4テイク、いつも1時間くらいでオケ録りは済ませられた。

驚いたのは〈遠くへ行きたい〉のヴォーカル録音でのことだった。ジェリーさんの歌は、いつも通りマイクをスタンドに立てて録音しようと思っていたのだけど、彼のリクエストは「ハンド・マイクが欲しい」。

〈遠くへ行きたい〉

「この歌詞は特別だし、歌うのが難しい。だからじっくり心を込めて曲の世界に入るために、スタジオのなかを歩きながら歌いたい」と言うのだ。

経験の浅い僕は面食らってしまったが、歌手の要望とあらば可能な限り応えるがエンジニアの仕事、と心得ていた。ヘッドフォンがない時代でスピーカーからカラオケの音を流して歌うので、歌手はどこにいても伴奏は聴こえる。

そこでケーブルをつなぎ合わせて最長まで伸ばし、彼にマイクを渡して録音に臨んだ。心配だったのは足音のノイズと、場所移動による音質の変化だったけど、わからないほどに抑えられた。

ジェリーさんは特に感情を音量の大小で表現する人だ。声の大きい部分と小さな部分のダイナミクスがとても広い。出だしの「知〜らな〜い」の「知」は、低音かつ音量が小さいのでマイクで拾いづらく、ボリュウムを調整して少し持ち上げた。いわば手動コンプレッサーだ。

そもそもコンプレッサーなどのアウトボードは皆無だったのだが、自分の手でコントロールできるのがエンジニア冥利につきるとも言えた。現代以上にエンジニアの技量によって録音の出来・不出来が左右される時代だったのだ。

結局、ハンド・マイクで録音したのはこの曲だけで、ほかはスタンドに立てたマイクで録音した。音楽にどうやって入り込むのかは歌手によってさまざまだ。ジェリーさんも手探りで自分なりに音楽と向き合う方法を探していたのだろう。結果として〈遠くへ行きたい〉は大ヒットになったし、いまでも歌い継がれている。

僕にとってもこのレコーディングは、歌手の「心」を知る上でもすごく勉強になった。

あの坂本九を録る

僕にとって大きな転機は1963年に訪れた。

こともあろうに先輩であり師匠である多田百佑さんが東芝を辞めることになったのだ。そして、なんと彼は入社たった3年の僕に自分の担当アーティストを任せてくれるという。尊敬し、いちばん頼りにしたエンジニアがいなくなることに落胆していたのだが、いっぽうで、多田さんが僕を一人前として扱ってくれたことがうれしかった。

こうして僕が、多田さんと組んでいたディレクターの草野浩二さんとのコンビを含めて引き継ぐ形となった。すると驚くことに、草野さんは「どうせなら九さんもやったら？」と提案。坂本九さんの担当だった石渡さんが多忙で、諸々手が回らなくなっていたのだ。

そんなわけで、弘田三枝子さんらに加えて、坂本九さんやダニー飯田とパラダイス・キングといった「和製ポップス」ブームの中心にいた面々の録音を担当することになる。なかでも抜きん出た人気を誇っていたのは、やはり九さんだった。

彼はダニー飯田とパラダイス・キングの専属歌手として頭角を現して、東芝に移籍

〈見上げてごらん夜の星を〉

すると〈悲しき六十才〉で約10万枚のヒットを記録。人気に火がついて61年にソロで発売したのが〈上を向いて歩こう〉だ。そういう意味でもまさに東芝音工の看板歌手である。

その録音時に僕はまだアシスタントで、下働きに精を出しながら同曲のエンジニアだった石渡さんの作業を遠くから見ているばかり。その2年後、僕が九さんを初めて録音したのは〈見上げてごらん夜の星を〉。その後〈上を向いて歩こう〉に次ぐ代表作となる曲で、卓の前に座ることができたのだ。

若くて生意気だったし、「僕なりの坂本九」を録りたいと思っていた。

九さんのマイキング

九さんのレコードを聴いていて、僕はあるクセに気がついていた。弱点と言ってもいい。それは低音で、低い声をうまくマイクに乗せることができていないと感じていた。だがすぐに解決策を考えられるわけもなく、録音当日を迎えてしまう。

録音はいつもの麴町スタジオだ。いずみたく先生から渡された〈見上げてごらん夜の星を〉の、最初のフレーズ、「見〜上〜げて〜」の「見」が出ない。その低いレの音がやっぱりうまく出せなかった。

歌い出しが決まらない九さんは、どんどんヴォーカルマイクに近づいて、なんとかして「レ」を出そうとしている。このままでは本番に入れないし、そもそもそんな状態で録音をしたところで、いつも以上にクセを露呈しまうだけだ。

マイクというのは、近づけば近づくほど低音が強調される「近接効果」が起こってしまう。だから歌手にとっては低音が「出せている」と感じられるのかもしれないが、それは野太いだけで輪郭のはっきりしない胴間《どうま》声。さらに不用意な呼吸音が盛大に録音されてしまうし、エンジニア泣かせのマイクの使い方でしかない。

物理的に九さんをマイクから離したいのだが、駆け出しの僕が大スター相手にマイクの使い方を指南するなんて考えられない。それこそお歴々の集まるスタジオが剣呑《けんのん》な雰囲気になることは目に見えていた。

卓の前で暗澹《あんたん》たる気分でいたのだが、妙案を思いつくことができた。坂本九を

◉ 坂本九のヴォーカル録音

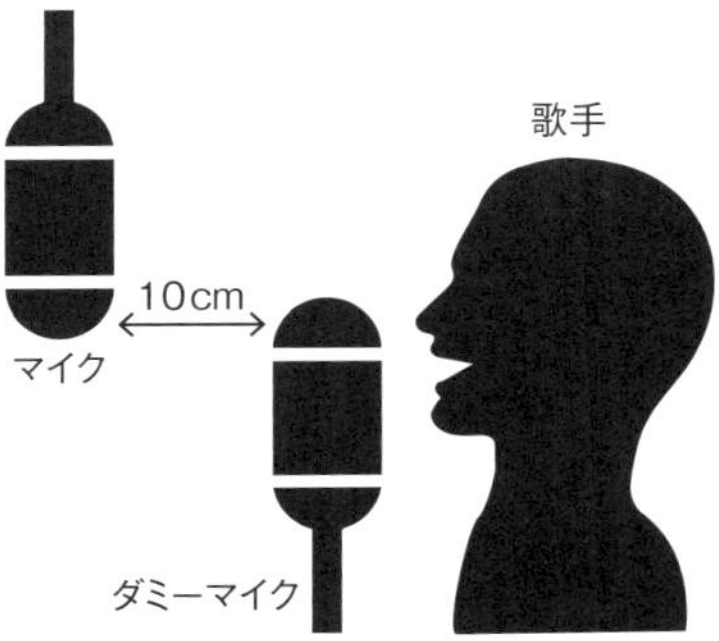

ちょっと騙すことになるが致し方ない。

　僕は練習する九さんに近づいて、「ちょっと趣向を変えた録り方を試したいんです。九さんの声と、周りの音をうまく混ぜたいからマイクを1本増やしてもいいですか？」と訊いてみた。

　彼は特に気にする様子でもなくOKをくれて、僕はそれまでのヴォーカルマイクの後ろ、約10cmのところにブームスタンドでマイクを吊ってみた。これなら「本当の」マイクの位置がぴたりとはまるはずだ。

「いつも通り手前のマイクで調整しながら歌ってください」。そう伝えると九さんはさっそくマイクに思い切り近づいて歌い始める。僕はというと、セッティングで元のヴォーカルマイクのボリュウムをゼロにすると、追加したマイクの音量を最初の「レ」にぴったり合わせてグッと上げる。

　すると近接効果のない、クリアな低い「レ」から始まる「見〜上〜げて〜」が聴こえてきたのだ。以来僕と九さんの録音では、このマイクセッティングが基本となった。

　ご存知の方もいると思うが〈見上げてごらん夜の星を〉は、同名のミュージカルの主題歌だった。60年夏に永六輔さんが脚本と演出、いずみたく先生が音楽を担当して、定時制高校を舞台とする人間模様が描かれた作品だ。

『ミュージカル 見上げてごらん夜の星を』

　63年になって坂本九さんが永六輔さんに懇願して再演されることになり、九重佑三子さん、越路吹雪さん、大貫ゆみ子さんらも出演した。そのときの舞台は『ミュージカル 見上げてごらん夜の星を』としてレコード化され、僕が録音することができた。

　なお演奏には、宮間利之とニューハード、シャンブル・サンフォニエット、草野勝彦（フルート）さんらが参加。LPに収められた同曲は、九さん、九重さん、ダニー飯田とパラダイス・キングが歌っているので、スタジオ版とぜひ聴き比べてほしい。

〈明日があるさ〉のリアルなサウンド

僕が担当した九さんの曲のなかで、いちばん気に入っているのは1964年に録った〈明日があるさ〉の音だ。

青島幸男さんの歌詞はとても前向きで、若い男の子のすがすがしい気持ちがよく表れていたし、中村八大先生のメロディもはつらつとしている。だから録音もそれに負けずにフレッシュなものにしたいと思った。

〈明日があるさ〉

伴奏は〈見上げてごらん夜の星を〉と同じ宮間利之とニューハードで、録音も麹町スタジオだけど、印象はがらっと違う。

〈明日があるさ〉にはストリングスが入っていないので、その分ダビングの必要がなかったことも音の鮮烈さに大いに幸いしている。イントロの「ボン・ボン・ボン」と軽快に跳ねるベースのマイキングが要で、思い切ってボリュウムを上げたミックスにした。

別録りのヴォーカルは、九さんが得意なキーだったし、例の2本立てマイクによって、のびやかで広がり感のある声を収めることができた。いま聴いても気持ちよさそうに歌う九さんと、録音のときの高揚感を思い出す。

九さんとは1974年までお仕事をご一緒したと思う。全部が僕の録音ではないけど、アルバムは先述の『ミュージカル 見上げてごらん夜の星を』や『坂本九リサイタル』など、シングルは先に書いたほかに〈涙くんさよなら〉や〈幸せなら手をたたこう〉を録音して、最後は〈夜も昼も〉か〈夕やけの空〉だろう。その間はとにかく「坂本九の声」をいかにカッコよく録音するかに腐心していた。

そうそうお会いできる方ではなかったけど、あの御巣鷹山の日航機事故でお亡くなりになったと聞いたときは僕もしばらく信じられない思いだった。九さんが歌手活動を本格的に再開しようとした矢先だったし、狭い業界、またお手伝いできることもあるだろうと信じていたからだ。

ミコの〈ビー・マイ・ベイビー〉

九さんとの仕事で自信をつけた僕は、もっといい録音で、もっとおもしろいサウンドを作ってやろう！　と次々に仕事に取りかかった。ところがその気概がアダとなってついにはレコードの回収騒ぎまで起こしてしまう。それが弘田三枝子（ミコ）の〈私のベイビー〉だった。

ミコといえば、多くの人は〈ヴァケーション〉での、恐ろしくパンチのある歌唱を思い浮かべるに違いない。ど頭の「V・A・C・A〜」はとにかく強力で、僕も初めて聴いたときに「日本人の女の子でここまで歌えるのがいるのか」と驚いた。あれで中学生なんだから。あとで7歳から立川の進駐軍キャンプで歌っていたと聞いて、また驚いたものだった。

デビュー前、ビクターに売り込んで断られたミコは、発足直後で歌手が不足していた東芝音工のオーディションにやって来た。彼女がそこで歌った〈虹の彼方に〉と〈アレキサンダー・ラグタイム・バンド〉がバツグンで、草野浩二さんはまだ14歳だったミコの一発採用を決めたそうだ。

ディレクターでありプロデューサーの草野さんはバタ臭いミコの歌に惚れ込み、同じく新人の森山加代子さんと一緒に日本語の歌詞をつけた洋楽ポップスを歌わせた。それが「和製ポップス」の始まりだが、それを仕掛けたのが草野さんの兄で漣健児として知られる昌一さん。自ら契約した外国曲を浩二さんの元に持ってきては、自分で書いた歌詞や、みナみカズみさん（のちの安井かずみ）、東芝音工の社員だったホセ柴崎さんなんかが書いた歌詞を乗せて売り出したのだった。

多田さんの退社後、ミコの録音も僕にお鉢が回ってきた。日本でもちょうど話題になっていた、ロネッツの〈ビー・マイ・ベイビー〉をカヴァーさせるという。

〈私のベイビー〉

僕も〈ビー・マイ・ベイビー〉の「ドン・ドドン」のバスドラムにはすっかりしびれて、あわよくばもっとパワフルな低音を録ってやるつもりだった。オリジナルのミックスそのものはダビングを重ねたためか鮮度も悪いし、そのまま真似してもおもしろくないので、ミコのヴォーカルを生かすパワフルな音にしようと考えていた。

録音は麴町スタジオ。演奏は、東芝音工時代のミコのバックをほとんど担った宮間利之とニューハードが担当した。懸案はドラムの録音で、叩いてくれるのは石川晶さん。ロネッツのあのドラム・サウンドを再現しようと思えば、いくら石川さんがパワフルに叩いたとしても、同じようにはならない。

欲しいのはもっと音源に近く、ヘッドの揺れがわかるほどダイレクトで生々しい音なのだ。芝電の卓は8チャンネルしか入力がないから、普段ドラムには1本のオーバートップ・マイクだけしかあてがっていない。だからどうしてもバスドラムの音は遠くなってしまう。

そこで僕はこれまで自分でも試してみたことのない方法に挑戦する。デカく録りたければバスドラムの目の前にマイクを置けばいいのだ。いま考えるとものすごく無謀なことで、耐久性を考えずに東芝のGベロのリボンマイクを立ててしまった。

補助ミキサーを用意してチャンネルを増やし、ドラム全体をオーバーヘッドで押さえながら、バスドラムの迫力が最大限に出るように録音した。

たぶん、こんな録り方をしたのは僕が初めてだったのだろう。石川晶さんも「ナメさん、すごくいいね!」と喜んでくれたし、本家にも勝るとも劣らない迫力のあるドラムの音を作れた、と自信満々だった。オケを聴いたミコも、RCA77-DXを前にノリにノッて歌ってくれた。

「おい、針飛びするぞ！」

あのバストラムの音で〈私のベイビー〉は話題になるに違いないぞ、と思っていたのだが、思いもよらぬクレームが会社に殺到してしまう。針飛びだ。ついには、発売3日にして店頭のシングル盤はすべて回収の憂き目に遭った。

限界ギリギリの音圧まで突っ込んだ低域によって、購入家庭で再生しようとすると針飛びが起こってしまった。普及品の安いプレーヤーはカートリッジの動きが鈍くて、うまく音溝をトレースできないケースが続出したのだ。もちろん僕もテストプレスの音を聴いていたし、針飛びは起きないからOKを出した。これはオーディオマニアだった僕のカートリッジだから再生できていただけだった。

当然、東芝音工の社長から大目玉を食らった。

「お前のためにレコード作っているんじゃないんだぞ。どんな家のプレーヤーでも聴けるレコードこそが商品なんだ」。そう言われてはひとつも反論できない。おとなしく始末書を書き〈私の記念すべき東芝音工の初始末書〉、過度な低域が出ないようにローカット・フィルターを通してカッティングし直された。

それはもはや自分の納得したサウンドとはほど遠く、がっかりした。だから初回プレスとそれ以降とでは、バスドラムの音量が全然違う。初回の枚数がどれくらいかは覚えていないんだけど、回収されなかったオリジナル盤を探すコレクターもいると聞く。しかし、ジャケットは再発盤でも同じなので、実際にレコード店で試聴しないと区別がつかないシロモノだ。

職人としてはもっとこだわりたい部分もある。だが、その時代にもっとも使われている再生機器のレベルに沿えなければ、商品にはならないと実感させられた出来事だった。

ともあれ僕が納得できたオリジナルの〈私のベイビー〉では、ジャパニーズ・ポップス・サウンドを作れた、といまでも自負している。もしロネッツとミコの音源を持っている人がいれば違いを聴き比べて欲しい。ミコとの仕事は、翌64年に彼女が日本コロムビアに移籍するまで続いた。

転じてこの経験は僕の負けじ魂にも火をつけた。妥協のない音質とサウンドでレコードを作りたい……それがのちの「プロユース」シリーズへの布石となる。

ステレオ時代の本格到来

ところで、これまで書いていたのはすべてモノーラル・レコードの話だ。日本でステレオが一般に普及したのは、東京オリンピックの年かその翌年ころだったと思う。各社ともステレオに対応すべく、スタジオの改修が急ピッチで進められた。麹町スタジオも例外ではなく、すでに書いたようにひとつ上の階にあった待合室を改装して東芝専用のステレオ・ミキシングルームを作っていた。

残念ながらこのときに導入した卓の詳細を忘れてしまったのだけど、外国製の14インプット真空管式だったのは確かだ。ステレオ用のテープレコーダーはアンペックス351だった。

ステレオとはいえ、当時はかなりぎこちない音場にならざるを得なかった。ヴォーカルは真ん中で、あとはだいたい左にピアノとベース、右がドラムとギターを配置したいわゆる3点ステレオ。まだ卓にパンポット（左右スピーカーの間で音が定位する場所を任意に決められる機能）はなく、左右に振り分けるようにしか音を並べることができなかったからだ。

本来の立体音響としてのステレオ効果というより、このときは左右にはっきり分かれて聴こえることがモノーラルに対するステレオのメリットと謳われていた。

この時期から僕は、東芝音工には内緒で社外録音を請け負うようになっていた。僕の仕事ぶりを覚えてくれた作曲家の先生から直接仕事依頼のお声が掛かるようになったからだ。こうしたアルバイト仕事は自分の技術を高める機会になるはずと、一も二もなく飛びついた。その内容については、順を追って少しずつ書いていこうと思う。

爆音バンド、ブルージーンズ

60年代前半は、「日劇ウエスタンカーニバル」で演奏されたロックンロールが若者の心を捉え、出演した歌手やバンドの人気が爆発していた。僕も有楽町の事務所から、その熱気を肌で感じていた。

『ロック、サーフィン、ホット・ロッド』

そんなウェスタンカーニバルの人気者を集めて録音したのが、１９６４年の『ロック、サーフィン、ホット・ロッド』だった。ヴォーカルを内田裕也さんと尾藤イサオさんが務め、寺内タケシさんのブルージーンズとブルー・コメッツが演奏を担当した。

僕はこの数カ月前にブルージーンズのアルバム『これぞサーフィン』も録音しているけど、そのとき以上に歪んだギターの音がして、深いエコーのかかった作品になっている。

２バンドが合奏する1曲目の〈ホワット・アイ・セイ〉は特に聴きものだろう。ブルージーンズが爆音で暴れまわり、ブルコメの井上忠夫さんのサックスもすごくかっこいい。多くの楽器が入り乱れる利点を生かして、できる限りステレオ効果を感じてもらえるように作った。

ブルージーンズは当時としては珍しく、レコーディングに使うアンプとスピーカーは自前のものを持ち込んでいた。それもとんでもなく大きなシロモノで、初めて見たときは驚いた。

寺内さん用のスピーカーには38㎝のウーファーが4発入っていたし、ベースの石橋四郎さんのスピーカーは冷蔵庫並みの大きさのキャビネットで音もデカい。

そのまま床に置いただけではキャビネットが共振して音がビビるものだから、ボウヤ（バンド付きの雑用係）がキャビネットの上に重石代わりに座っていた。尻の下でドンドン音が鳴っているのはちょっとかわいそうだったな。

でも爆音に耐えきれなくなったのは僕やメンバーではなく、麹町スタジオの下階でナレーションを録っていたスタジオだった。

ブルージーンズほどの大音量を想定していなかったので、音が容赦なく床をつき抜けていたようだ。「その音どうにかならないか」とクレームが入ったので、しかたなく、下が録音している間だけ寺内さんたちに演奏を止めてもらうことにした。ブルージーンズはそれぐらいラウドなロックバンドだったわけだ。

ブルージーンズの録音では新たな録音テクニックも発見した。スピーカーユニット4発のアンプをマイキングする場合、フロントバッフルのど真ん中にマイクを置きたくなるが、これはあまりうまくいかなかった。それよりも主に狙うユニットをひとつ決めて、その軸上にマイクを置いたほうがソリッドなエレキギターサウンドをモノにできた。

ちなみに寺内さんと僕は、同じ土浦出身で共通の知人もいる。やんちゃ坊主だった寺内さんを下宿させていた高校の校長先生、真船さんの家は我が家の3軒隣。先生から「うちにいた寺内ってのが、いま楽隊やってるんだよね」と聞いていたので、ご本人に会う前から勝手に親近感を持っていた。

寺内さんに「土浦出身ですよね」と話しかけて真船先生のことを伝えると彼はびっくり。すっかり意気投合して、仲良くしてもらうようになったのだ。

後日、寺内さんとはこんな笑い話もある。電車に乗るため土浦駅に入ろうとすると、駅前の選挙演説カーから「おーい、行方!」と僕を呼ぶ声がする。振り向くとそこにいたのは寺内さんだった。

彼の父親は土浦市議会議員を長年務めており、その選挙運動の手伝いに、有名人となった息子が駆り出されていたのだった。天下の名ギタリストがマイク片手に必死に演説をしているのは、おかしな姿だった。

尾藤イサオさんとブルー・コメッツとは、尾藤さんのヒット曲にもなった〈悲しき願い〉でもご一緒している。

〈悲しき願い〉

録音は麹町スタジオで1965年に行われた。ジャッキーさんが叩く音はものすごくでかくて、何度も音量を下げて演奏してほしいとお願いした記憶がある。

後年、東芝が赤坂にスタジオを作ったときに、天井から大きなパラソルをドラムの真上にぶら下げた。それも、元をただせばジャッキーさんのドラムの回り込みを抑える手段だったものが、赤坂スタジオ定番のセッティングになった。

年がら年中ビーチパラソルがぶら下がる珍妙な光景ではあったものの、天井の高いスタジオで迫力のあるドラム・サウンドをモノにできたのは、パラソルのおかげだろう。

初のベンチャーズ歌謡を録る

1965年は、加山雄三さんの『エレキの若大将』が公開されるなど、日本中でエレキインストのブームが起こっていた。東芝はベンチャーズの日本盤をリリースしていたし、寺内タケシさんも若者に大人気になっていた。

その余勢を駆って、のちに「ベンチャーズ歌謡」と呼ばれる曲が次々に生まれていく。その最初が和泉雅子さんと山内賢さんの〈二人の銀座〉だ。ベンチャーズのインストゥルメンタル曲に永六輔さんが日本語詞をつけて、編曲は川口真先生が担当。1966年に発売されている。

レコーディングは赤坂の溜池にあったアオイスタジオで行われた（旧アオイのこと。建物はすでになく、現在はそこを六本木通りが通っている）。僕もアオイを使うのは初めてで勝手がわからなかったが、部屋の音響処理はまだお粗末だった。もともとは映画のサントラ録音用施設だったからなのか、板張りの壁には吸音面がほとんどなく、カンカンした響きだった。

〈二人の銀座〉

そのせいでドラムの音が部屋全体に回ってしまい（叩いていた石川晶さんの責任ではない）、ほかのマイクでも音被りが起きて、ひどいオケができ上がってしまった。

そんなわけで〈二人の銀座〉のオケ録りは反省点が多く、いま聴いてもあのときを思い出してしまう。

さらにヴォーカル録りも簡単にはいかなかった。本来歌詞付きで歌われることを想定しない「ギター用」の曲だったので、メロディラインを取るのが難しい。

曲の冒頭から音程が細かく上下するし、特に「ぼ〜くとき〜みが」と歌うBメロ部分などは苦労していた。山内さんも和泉さんも「こんなの歌えないよ！」と悲鳴を上げていたほどだ。

まさに難産のレコーディングだったけど、その苦労が報われたのかシングルは売上100万枚を越える大ヒット。翌年になると山内、和泉ご両人の主演で映画化までされたのだから、どうなるのかわからないものだ。

これに続くベンチャーズ歌謡として、奥村チヨさんや渚ゆう子さんのヒットが続くのだが、おふたりのことは追って触れようと思う。

ステレオ音響の進化

〈悲しき願い〉を録音したあとくらいに、僕は3点ステレオにプラスαして音像を広げるテクニックも思いついた。それは1本のマイクをパラレルに分岐して2つのチャンネルに入力するというもの。マイクの本数は変えずにチャンネル数を稼ぐことによって、音像の隙間を埋めることができたのだ。

技術が進歩して、やっとステレオらしい音場感を演出できるようになったのは、67年あたりからだったと思う。日本でもパンポッドが開発されて左右スピーカーの間で細かなバランスが取れるようになり、ようやくステレオ音像のマジックを存分に生かすことができた。

先にも書いたように、親会社の東芝はプロ用録音機材をいろいろ作っていた。音響は発展途上の分野だったので、どんどん機材を作って、子会社の僕たちに商品を使わせてモニターさせる魂胆だったのだろう。マイクばかりではなく、ミキサー卓も作っていた。

そうした製品は川崎にある東芝中央研究所（現在の研究開発センター）で研究開発が進められていて、僕も意見を求められるのでたびたび出向いていた。そこにいた厨川守博士を中心に音響に関する研究を行っており、東芝の製品はそうした研究成果を取り入れながら設計されていたのだ。

いまとなっては笑い話だが、厨川博士に「レコーディング・エンジニアの耳にはどんな風に音が聞こえているんだ」と、よく呼び出されていた。

東芝のライバル、ヤマハの音響実験にも参加して4時間近い「人体実験」を受けて散々な目に遭ったこともある。これもアルバイトの一環だ。

大嫌いな無響室に押し込められて、ふたつのスピーカーのどちらから8kHzのテスト信号が再生されているか、なんて類いのテストをいくつも受けた。「テスト信号ではわからないから音楽でやってくれ！」と注文すると、ほぼ完璧に当てることができたな。

これは2ウェイ型スピーカーの性能を上げるための実験だったから、のちのヤマハ製品には僕のデータが反映されていたのかもしれない。

念願の自社スタジオが完成

東芝音工念願の自社スタジオは1966年に完成した。朝日新聞が有楽町の本社ビルを建て替えるというので、引っ越しの必要に迫られたことが後押しになった。物件はすぐに決まった。ちょうどそのころ、関連会社である東芝商事がなくなって、赤坂（溜池山王）にあった4階建てのビルが空いていたからだ。そこで事務所部分は居抜きで入り、そのビルから道一本隔てた永田町側に立つ東芝商事の倉庫を大改装して、2つのスタジオを作ったのだった。

とにかく広いスタジオで、メインとなる1スタはフルオーケストラをレコーディングできたし、ヴォーカル用のアイソレーション・ブースもひとつ作ることができた。新しいコントロールルームに合わせて、東芝の自社製コンソールが導入された。

こうして東芝音工勢の流浪の録音生活も終わりを告げ、この東芝スタジオを拠点に音質面含めて安定した生産体制を敷くことができたのだ（以降、本書で「東芝スタジオ」と書くときは、この赤坂のスタジオを指す）。

竣工間もない赤坂・東芝スタジオの正面玄関

最初期のNO.1スタジオ（1スタ）。モニターが床置きになっているほか、コントロールルーム側の壁面が後年とは異なる

NO.2スタジオ（2スタ）。広々とした1スタとは異なり、こぢんまりした雰囲気。波型の天井は低く抑えられている

他社を見ると、日本コロムビアと日本クラウンのスタジオも赤坂にあったし、テイチクは杉並の堀ノ内に、ポリドール（グラモフォン）は目黒川沿いに、ビクター音産は築地に、キングレコードは音羽に、それぞれ自社スタジオを所有していた。

当時の東芝音工のエンジニアで僕が一目も二目も置いていたのは同僚の野地孝之さんだ。由紀さおりさんなんかを担当していたが、僕とはまったく音の作り方が違った。僕が流行のサウンドを追っていたのに対し、彼は目新しい方式は脇に置いて音楽的なバランスを追求していた。彼はすごく光る才能を持っていたし、それをさらに光らせるような努力も重ねる人だった。スタジオを持つ前は特に、東芝音工はミキサーの個性がそのまま音に出ているようなレコード会社だった。

東芝スタジオ竣工前に使っていた、麴町、朝日放送、アオイのことは書いてきたが、そのほかによく利用したのが日比谷にあった飛行館スタジオだった。

飛行館は別称を日本放送録音といって、名前の由来である日本航空連盟ビルの最上階ホールをスタジオに改装した場所だった。ビルは相当年季が入っていたが、スタジオは最新の設備だったし、ホールだったから本来の響きは悪くない。ＣＭでもポップス録音でもいろいろな音楽に対応できた。

おそらく70年代の終わりにはなくなったはずだが、僕も好きなスタジオだったし、勉強させてもらった思い出の場所だ。

スタジオでも爆笑のドリフターズ

60年代も終わりに差し掛かったころ、ザ・ドリフターズが『8時だョ!全員集合』で人気の絶頂を迎えていた。僕がドリフの録音を担当したのは、1968年の〈いい湯だな（ビバノン・ロック）〉からで、彼らと入るスタジオはいつも笑いが絶えなかった。

〈ドリフのズンドコ節〉の録音にも、すごく楽しい思い出がある。これは東芝スタジオの2スタでレコーディングした。

演奏はドリフの面々ではなく、ベースの江藤勲さん、ドラムスの石川晶さん、ピアノの飯吉馨さんら東芝音二のレギュラーメンバーが担当した。編曲は川口真先

〈ドリフのズンドコ節〉

生だ。

ご存知だと思うが、〈ズンドコ節〉ドリフのメンバーが1番から5番までソロで歌ってから、6番をメンバー全員で歌う構成だ。伴奏はカラオケで流して、ドリフのヴォーカルだけ録音していた。

何テイクか録ったあとのこと、いかりや長介さんがコントロールルームにいる僕やディレクターに聞こえるように、「俺たちがユニゾンでしか歌えないと思ってるみたいだぞ」とマイクの前で話している。そしたら加藤茶さんや荒井注さんも同調して、「そうだ、ハーモニーをつけよう」とか言ってるわけ。

もちろんこちらは彼らの腕前を存じていて素人扱いしたつもりもないのだけど、音楽家としてナメられていると憤慨しているのかな……と思ってそれを聞いていた。

次のテイクでどんな複雑なことをするのかと思っていたら、彼らは最後のコーラス「アー」の部分を簡単な「ドミソド」でハモって終わらせると、長さんが「さあどうだ！」と言うわけ。ドリフのコントを見たみたいで、担がれた僕らはコンロールルームで吹き出してしまった。

でも本心はバンドマンとしての意地を、そういうお茶目な形で表現したのかもしれない。このとき長さんのリーダーシップにも感銘を受けたのを覚えている。

ほかにも、僕が録音した〈ミヨちゃん〉(69年)、〈ドリフのほんとにほんとにご苦労さん〉(70年)、〈ドリフのピンポンパン〉(72年)などを聴き直してみると、歌はもちろん、セリフや合いの手の「間」が抜群にうまい。これがステージで鍛えられた「芸」なんだ、と感じ入った。ドリフの録音現場はいつも笑いが絶えず、それこそ「大爆笑」の連続でレコーディングが進んでいたな。

歌手は歌うだけじゃなくて、どんどん録音についてのアイデアを出してくれたし、ミュージシャンもいろいろ教えてくれた。十分な機材はなくとも協力し合って録音が進んでいて、よりよい作品を生み出すためにスタッフ一丸で取り組んでいたのだ。

常識を覆した「音屋会」

当時のレコード会社が閉鎖的で、秘密主義だったことは前に書いた。しかしながら、エンジニアの技術レベルの向上を考えていた僕は、外のレンタルスタジオで顔を合わせていた他社のエンジニア仲間とつるむようになった。

特にポリドールの前欣（前田欣一郎さん）と日本コロムビアの岡ちん（岡田則男さん）とは仲良くなって、よく飲み歩いては熱い録音論を戦わせていた。酒を一緒に飲むことすら禁止されていたんだけどね。

岡ちんも会社から「何で東芝の奴と付き合っているんだ」と、まるでスパイかのように言われていたようだ。のちには、ビクター音産のヌマ（内沼映二さん）やキングレコードの高浪初郎さんなどもこの輪に加わってもらった。

こうして、レコーディング・エンジニア同士のコミュニケーションを活発に行うための「音屋会」が発足したのだ。

おかげで最新機材の情報もすぐに入ってくるようになった。誰かが新しい機材を買ったと聞いたら、「ちょっと見せてよ」と夜中だろうが見学に行って、その場で触らせてもらうほど打ち解けた付き合いだった。

音屋会ではエンジニアの地位の向上を目指しお互いにアイデアを出し合っていて、外国のレコードのようにエンジニア名がレコードにクレジットされるべきだ、という話になった。あとで書くけど、僕は欧陽菲菲さんのレコードで初めて自分の名前がクレジットされることになった。

岡ちんは、いしだあゆみさんの〈ブルー・ライト・ヨコハマ〉で名前が入って、これらがきっかけになって、各社でもエンジニア名がレコードのジャケットやライナーに記載されるようになったわけだ。

飲み仲間の集まりのようだったこの音屋会が、のちの「日本ミキサー協会」へと発展。正式に録音エンジニアのための団体になるのだった（現在は「日本レコーディングエンジニア協会」と名称変更している）。

エンジニア兼オーディオ評論家

この章の最後に、僕のエンジニア以外の仕事についても、少し触れさせてもらおう。オーディオ雑誌の熱心な読者ならご存じかと思うが、僕は60年代後半から、東芝音工エンジニアの肩書きでオーディオ評論業も始めていた。

当時はＴＢＳのディレクターでライターも兼業していた加藤しげきさんが、僕を雑誌「ラジオ技術」の編集者に紹介してくれた。もともとオーディオマニアだったし、エンジニアとしての経歴も買われて評論家の末席に加わることになったのだ。

オーディオブーム真っ盛りで新製品はたくさん出ていたし、専門誌は何種類も刊行されていた。オーディオ評論家が活躍できる仕事は山ほどあったわけだ。

試聴取材でさまざまな製品の音を聴けることは、間違いなく僕の引き出しを増やしてくれたし、製品取材はマニアとしても楽しい時間だった。本人としては、評論家というよりも、よい製品を紹介するライター、という気持ちが強かったのだけど。

こうした取材を通していろいろなオーディオメーカーの人たちと付き合うようにもなった。

日本のブランドだと、山水電気、トリオ、パイオニアが御三家的な存在で、デンオン、ビクター、ラックスも好調だった。専業メーカーばかりでなく、ソニーはもちろん、日立、松下、ＮＥＣなど国内の有名電機メーカーが、本格的なハイファイオーディオの開発に力を注いでいた。

さまざまなメーカーの担当者と顔なじみになっていくと、東芝の人間でありながら、次第に製品のアドバイザーとして声が掛かるようにもなる。これも会社には言えないから、こっそりアルバイトで行った仕事だ（先ほど書いたヤマハへの協力もこの一環）。

たとえば山水なら大人気だったプリメインアンプのＡＵシリーズの音決めにも関わって、夜中だろうと杉並にあった研究所に呼ばれて音を聴きに行った。

ステレオサウンド社が刊行していた「テープサウンド」でも書くようになって、マクセル、ＴＤＫ、富士フイルムとも付き合うように。やっぱりお声を掛けていただいて各社の工場にも通い、プロ用のみならず、カセットテープの音質に意見を言うようになっていた。

我が東芝は、１９６０年代半ばにオーレックス（Aurex）ブランドで、ハイファイオーディオに本格参入。無論、僕も社員エンジニアとしてオーレックスの音について意見を求められていた。各社の秘密は漏らさないように気をつけていことは言うまでもない。

オーディオ評論家として日本各地のオーディオショップなどで講演。場所や日時は不明だが 1970 年代半ばの 1 コマ

自宅でプロ用ラックいっぱいにマウントされたオーディオ機器に囲まれる筆者。プロ機も民生機も一緒くた。1970 年代半ばころ

第3章　歌謡曲の時代と録音

不良社員の仕事法

１９７０年代になると、僕は社内外を駆け回って精力的に仕事をこなすようになっていた。入社から10年ほど経って、僕は一人前の録音エンジニアを自負していたからだ。

いくつも現場を掛け持ちしていたし、徹夜もザラ。先に書いたオーディオ評論家としての仕事も忙しくなっていて、体ひとつで休む暇もない有様だった。もちろん働いた分、仲間たちと思い切り遊んでもいたのだけど。

会社の自分の席に座っているようなことはほとんどなくて、社員でもない自分の弟子の若者を引き連れて歩く完全な「不良社員」。

おかげで社内では有名になって、当時を知る人からは「ナメさんの席には、いつも見知らぬ若者が座っていた」と苦笑いされたものだ。弟子に僕の留守番までさせていたんだから。

すでに書いたように、僕は64、65年くらいからずっとほかのレコード会社のための録音もしていた。アルバイトのことはみんな知っていたんだけど、そんな無茶苦茶も大目に見てくれるよい時代だったな。
60年代後半から70年代、日本の音楽界はＧＳブームを経て「日本ポップスの時代」へと移り変わった印象だった。東芝音工からは何人もスターが登場していたけど、僕の場合はなぜか女性歌手を録音することが多かった。

１９６０年代後半から東芝音工を支えた女性歌手のひとりが奥村チヨさんだろう。65年に〈あなたがいなくても〉でデビューすると、コケティッシュな魅力で和製シルヴィ・ヴァルタンなんて呼ばれて人気を博した。

ベンチャーズ歌謡の〈北国の青い空〉や最大のヒット曲の〈恋の奴隷〉、それに続く〈恋狂い〉〈恋泥棒〉なども、僕が録音していた。

チヨさんの歌は不思議だ。声質も独特だが、作曲家のメロディによって歌い方をがらっと変えていく。演歌っぽくしたいとか、ポップソングにしたいとか、作曲家や編曲家の意図を汲んで本当に変幻自在に歌うことができるので、録音側もそれに合わせて聴かせどころを変えていた。

たとえば色っぽい〈恋の奴隷〉などでは「アッ」っと歌うと、色っぽく「アアッ」と残響が大きく聴こえるようにズラす録音テクニックも思いついた。テープレコダーで半拍遅らせたリバーブを作ってかぶせているのだけど、それであの「あなたごのみのぉ〜」が生まれたのだ。

チヨさんのことで忘れられないのが、71年に発売されてヒットした〈終着駅〉の録音の現場だ。

チヨさんはシリアスな曲を歌う大人の歌手として認められるために、浜圭介先生は作曲家として大成するために、それぞれこの一曲に賭けていた。編曲は横内章次さん、演奏は江藤勲さんなどのファーストコール組だ。

浜先生は60年代から歌手として活動していて、〈終着駅〉と同じころに浜真二名義で発売された〈おんな道〉〈心にあなたは入れない〉〈あなたのすべてを〉なども僕が録音を担当している。

おふたりとはそんな縁もあったのだけど、〈終着駅〉のときはディレクターの草野浩二さんが病気で入院。急遽トラ（「代役」の業界用語）で、僕がディレクションも合わせて担当することになった。

気心知れたふたりのレコーディングだったので作業は順調に進んでいたが、スタジオの様子を見ていると、浜先生とチヨさんの距離がどうも怪しい。作曲家と歌手という関係以上の親密さを感じたので、これは付き合っているんじゃないかな……と思っていたのだが、はたしてその通りだった。

退院してきた浩二さんは「タレントを管理するのもディレクターの仕事だぞ。俺はタレントの人生も考えているっていうのに……浜とチヨが付き合ったのはお前のせいだ！」なんて冗談めかして怒られた。

でも〈終着駅〉は40万枚を超えるヒット曲になったし、ふたりはその数年後にめでたく結婚したし、本当によかったと思う。管理不行き届きのにわかディレクターも役に立つのだ。

そのためか、草野さんが不在のときは僕がチヨさんのディレクションを任せてもらえるようになった。彼女がビクターへ移籍する直前の〈お・ん・な・唄〉（78年）まで僕が担当している。

〈終着駅〉

〈京都の恋〉の渚ゆう子

2曲のベンチャーズ歌謡でヒットを飛ばした渚ゆう子さんとの録音も思い出深い。浜口庫之助先生に師事して本格的にハワイアンを学んだ後に、歌謡曲へと転身した変わり種だったけど、浜庫先生の弟子だけに歌のうまさは本物だ。僕は彼女の歌と声質が大好きだったので、録音はとても楽しみだった。

僕が担当したのは「渚ゆう子」と改名して、67年にマヒナスターズの佐々木敢一さんとのデュエット〈早くキスして〉で再デビューしたときから。

僕はこの曲では60年代後半としても珍しい、歌と楽器すべての同録を提案してみた。渚さん、佐々木さんの歌のうまさ、伴奏を務めたマヒナスターズのメンバーの演奏とコーラスの技量があれば、絶対に大丈夫という確信があったのだ。

はたして歌と演奏がしっかりかみ合ってとてもいいハワイアンの雰囲気が出たし、余計なことをしていない、鮮度の高い音質でレコードにすることもできた。

マヒナは本当にうまいバンドだった。世間ではコーラス・グループと認識されている節のある彼らだが、ステージで鍛えられたミュージシャンとしての腕前は本物だ。

リーダーの和田弘さんとは仲良くなって、お亡くなりになるまで気安いお付き合いをさせていただいた。

再デビューからしばらくしても、ゆう子さんは鳴かず飛ばずだった。4枚目のシングル〈二人の大阪〉は演歌風のポップスで、最終的な音を演歌風にまとめるか、ポップス風にまとめるかで苦労した記憶がある。

そして「この曲を最後にお嫁に行こう」と決意してレコーディングに挑んだのが、ベンチャーズ歌謡〈京都の恋〉だった。

〈京都の恋〉

編曲は〈北国の青い空〉や〈二人の銀座〉と同じ川口真先生が担当している。川口先生はスタジオでバンドの指揮も担当してくれた。

ハワイアンでならしたゆう子さんは、当初ベンチャーズのロックビートにうまく乗ることができずに苦労していた。これまでの現場とは打って変わってテイクを重ねてしまい、最後には「歌えない！」と本気で泣き出してしまうほど。それでも、持ち前のガッツを発揮して見事に歌い切ってくれた。

70年に発売された〈京都の恋〉はオリコン・シングルチャートの1位を記録する大ヒットに。急に多忙になった彼女は付き合っていた男性との結婚を進められなくなって、別れるしかなったそうだ（こんな話を打ち明けてくれるほど、僕はゆう子さんと仲がよかった）。幸か不幸かわからないが、彼女を一躍スターダムに押し上げた曲だったことは間違いない。

続いてリリースした〈京都慕情〉もベンチャーズ歌謡で大成功。オリコン・シングルチャートも最高第2位を獲得し、NHK『紅白歌合戦』に初出場を果たした。ベンチャーズが作るメロディラインは、日本人の好みにピッタリだったということだ。

この〈京都の恋〉は飛行館スタジオで録音した。彼女の歌にもチヨさんのときと同じテープディレイを使った。このディレイは、常にレコーダーのテープ残量をチェックしていないと失敗してしまう。アシスタントにほかの仕事を頼んでいる間にテープが終わってしまい、歌の途中でディレイがかからなくなることも何度かあったし、気が抜けなかった。

ゆう子さんの声の魅力は低音にあるのだけど、その分、高音のマイク乗りが悪いことがある。

スタジオではノイマンM269cを使っていたが、コンサートではコンデンサー型のAKG C451を使うように渡していた。それに高域を持ち上げるためのアタッチメントをつけて、弱点をカバーできるようにアドバイスしたのだ。

僕が彼女のコンサートを録音していたせいもあるけど、歌手の歌のクセを知って、マイクを選ぶのもエンジニアの仕事のうちだろう。そのAKGは『渚ゆう子リサイタル』でも使っているはずだ。

〈さいはて慕情〉の機関車

〈さいはて慕情〉

「京都」2作でヒットが続いたあとの71年、ディレクターの草野さんがゆう子さんのために、筒美京平先生に作ってもらったのが〈さいはて慕情〉だ。

ちょうどそのころ、僕のなかで蒸気機関車の生録熱が頂点に達していて、時間を見つけては1週間くらい平気で休んで日本全国へ録音旅行に出かけていた。

機関車の録音については改めて書くつもりだけど、何もない山のてっぺんの信号場に泊めてもらって録音したり、近くに赤電話すらないようなところに行くこともザラだった。一度出かけてしまえば連絡が取れないので、「行方はどこにいった！」と社内で上司がカンカンになることも珍しくなかったようだ。

外で録音した機関車の音はＬＰになっていたし、ほかの自然音は社内の効果音ライブラリーに収めていたので「一応」仕事なのだけど、たび重なる出張申請に会社はいい顔をしなくなってきた。ヒット曲の録音も担当させてもらえていたし、会社としては一曲でも多く歌謡曲を録らせたかったのだろう。

ここで〈さいはて慕情〉に話はつながる。どうしても生録に行きたかった僕は、ゆう子さんをダシに使った。「今度の曲は〈さいはて慕情〉なんだから、エンディングで機関車の音を入れたら『さいはて』の雰囲気にピッタリなんじゃないか」。そんなことを彼女に吹き込んで、東芝音工の社長だった高宮さんに提案するようにお願いしたのだ。

人気歌手の言うことをむげにもできず、僕はまんまと北海道に生録出張へ。大義名分があったから、真冬にも関わらず北海道をたっぷりと回って蒸気機関車の音を録音することに成功した。約束通り〈さいはて慕情〉の最後には、走り去っていく汽車の汽笛と走行音が収められている。

これは北海道の函館本線で、雪のなか小沢駅を発車するC62重連の通過音。ベストポジションが学校のグラウンドで、積もった雪をかき分けて録音した。迫力のある音だったし寂しげな旅情も演出できて、社内での評判もすこぶるよかったのを覚えている。

同年リリースの〈雨の日のブルース〉も京平先生による作品だ。〈京都の恋〉を意識した音程が上下に移動するメロディで、それに追従するように弦（ストリングス）が目立つところを卓で音量調整している。この録音は京平先生も気に入って喜んでくれた。

ゆう子さんの72年の〈今日からひとり〉で、録音的には重要な転機が訪れる。それまでの4トラック録音から8トラック録音へ切り替えになったのだ。彼女の録音は、75年の〈北からの手紙〉まで僕が担当している。

そう言えば、70年代のいつだったか彼女のコンサートを大阪厚生年金会館で録音したとき、東京から持ってきた8トラックのテレコが運搬中に壊れて冷や汗をかいたこともあった。大阪にいた旧知のエンジニアが4トラックのテレコを快く貸してくれて事なきを得たんだけど、助けてくれる仲間がありがたかった。

欧陽菲菲と台湾レコーディング

欧陽菲菲さんも僕が録音を一手に引き受けていた歌手のひとりだった。日本デビュー曲であり菲菲さんの代名詞としてヒットした〈雨の御堂筋〉も「ベンチャーズ歌謡」の流れから制作された。編曲はやはり川口真先生。この曲も大ヒットしてくれたので胸をなで下ろしたが、その舞台裏ではたっぷり冷や汗をかかされる経験をしていたのだ。

ご存知のように菲菲さんは台湾の歌手で、普段は台北で活動していた。すごくいい歌手がいるというので、台北の大きなクラブ（というか、ショウを見せる飲み屋）に彼女の歌を聴きにも行った。日本デビューが決まって〈雨の御堂筋〉の企画が持ち上がったときから、オケは東京で歌は台北、と場所を変えてレコーディングすることが

〈雨の御堂筋〉

決まっていた。

　彼女には短期滞在ビザしかなかったので、来日中はレコード店へのあいさつ回りなどのプロモーション活動しか行えない、という事情があった。いっぽうレコーディングであれば、環境さえ整っていればどこでもできるから、制約のない母国で歌を録ればいい。でも、その代わりに大変な目にあったのは録音チームだった。

　最初の事件が起きたのは日本でのオケ録りを終えていざ台湾入り、というとき。台湾の入国管理局で捕まってしまったのだ。オケを録音した38㎝オープンリールテープの中身が怪しい、とイチャモンをつけられたのだ。まだ中台の関係がきな臭い時代、日本人だからといって容赦はされず、些細なことでも疑いの目で見られていた。テープに毛沢東の演説など中国関係のものが録音されている可能性が否定できない、という理屈なのだ。

　僕は「日本からそんなものを持ち込むわけがない！　これは『カラオケ』の演奏で

演説なんて入っていないぞ」と弁解したのだが、音を確認しないと持ち込めないと言う。もちろん、確認してもらって何も問題ないのだから「どうぞ」と渡したのだが、確認だけで1週間もかかると言うじゃないか。

そのときの僕のスケジュールでは、3日後に東京に戻らないとならない。ここで押し問答しても埒があかないと悟ったので「今回はスケジュールが合わないので、空港に預けておきますから録音をキャンセルします」と嘘をついて、あきらめた「ふり」をして税関を通った。

ふりをしたというのは、実はポケットに19㎝のテープにコピーしたオケの音源を忍ばせていたからで、そんなことはおくびにも出さずに、何食わぬ顔で税関を通り抜けたのだった。万が一を考えて保険をかけておいたわけ。

なんとか台北のスタジオに着いたのはいいが、そこでまた問題が発生した。そのスタジオは台北で一番という触れ込みだったのに、松山空港を離発着する飛行機が低空で行き交う、とんでもない立地だった。その上、バラックのようなおんぼろの木造スタジオだったから、スタジオのなかにいても飛行機が通るたびに盛大に音が聞こえるのだ。

スタジオのオーナーに「飛行機の音が入らないか？」と訊ねると、「歌を入れれば大丈夫だよ」と言う。どう考えても大丈夫ではないと思ったが、後戻りできる状態ではない。19cmテープのカラオケを流しながら、現地で購入した38cmテープにヴォーカルを録音した。我々としては、保険のために菲菲さんの歌を普段よりも多めに録って東京に戻ることしかできなかった。

もちろん出国のときはテープを持っていても何ら問題ないので、スムーズに出国。渡してあった38cmテープはボンド手続きで戻してもらって飛行機に乗った。

帰国して東芝スタジオでヴォーカルの音を確認すると、案の定、飛行機の音がいたるところに入っているわけ。たくさん録音したテープを全部聴き直して、飛行機の音が入っていない部分を少しずつつなぎ合わせ、なんとかOKテイクを完成させた。

以上が〈雨の御堂筋〉の裏話だけど、ハラハラしながら作業したことを昨日のことのように覚えている。まぁ、いまだから言えるひとりごとと思っていただきたい。

台湾の作曲家、翁清溪《ウォン・チーシー》との出逢い

苦汁を味わったいっぽう、台北では生涯の財産となる予期せぬ出会いが待っていた。

日本人の録音エンジニアが来台していることを聞きつけて、現地の作曲家が僕の仕事ぶりを見学に来た。それが翁清渓（ウォン・チーシー）さんで、テレサ・テンなどに楽曲を提供している重鎮の作曲家だった。

その日の作業を終えると、彼は僕の仕事ぶりを気に入ってくれて食事に招待してくれた。「あなたの技術は素晴らしい、ぜひ僕の録音にも来て欲しい」と言ってくれ、海を越えて台湾でも仕事ができるのかと、ありがたい誘いの言葉だった。

翁さんと友達になったことで、急に行く先々で待遇がよくなった。最初の滞在中もハイヤーが迎えに来てどこにでも連れて行ってくれるようになったし、そのあと台湾に行くたびに彼と楽しい一時を過ごさせてもらった。

もちろん約束通り仕事を頼んでくれるようになったのだが、東芝とは関係ないアルバイト仕事だ。台湾に行くための休暇届けを出したとき、上司は「海外に行くなんて絶対に言うなよ」と言ってくれた。さすがに海外で仕事をすることが会社に知られたら、懲戒の対象になる恐れも考えられた。僕の性格を理解して好きにさせてくれた録音部の三浦部長には心から感謝している。

その後、翁さんが紹介してくれた台湾の青年を弟子にした。そのうち林哲民（リン・ツァーミン）君は、今や北京で有名なベテラン・エンジニアとなっている。

京都ベラミでの欧陽菲菲

〈雨の御堂筋〉は、オリコン・チャートの1位を9週に渡って維持する記録的な大ヒットとなり、菲菲さんは日本でも定期的に活動するようになった。

その後も僕が録音を担当し、〈雨のエアポート〉〈恋の追跡（ラブチェイス）〉〈夜汽車〉といった同チャートのトップ5に入る曲を連発、日本での人気もどんどん上がっていた。

そうしたヒットと前後して、京都市東山区のナイトクラブ「ベラミ」で、ライヴ・アルバムを収録することになった。本来は越路吹雪さんがベラミに出演する予定だったのが、越路さんが急遽出られなくなって菲菲さんにお鉢が回ってきたのだった。

録音当日は祇園祭の初日だったのでベラミのママが桟敷席を用意してくれていた。それで昼まで祭りを見て、午後からベラミで機材をセッティングした。

おそらく70席程度の店内は満員で、熱気ムンムン。録音もその雰囲気に近づけるべく、菲菲さんの歌がすごく「近い」ミックスにした。クラブならではバンドの一体感もうまく収められたと思う。

ライヴで菲菲さんはファンサービスで奥村チヨさんの〈恋の奴隷〉を歌ったのだけど、彼女の日本語はまだまだ片言。カンペがないと歌えないので手のなかに忍ばせて歌い始めたのだが、いかんせん彼女のアクションが大きすぎて、途中でカンペが飛んでいってしまった。歌詞を覚えていないので「アナタドコミノ　アナタドコミノ」と歌ってごまかしていたのは愛嬌があったし、台湾や日本のテレビ出演で鍛えた舞台度胸もなかなかのもの。だからお客さんには大いに受けていた。

このライヴは『欧陽菲菲 イン・ベラミ』として72年に発売された。おかげさまで、ライヴ・アルバムとしては異例のオリコン・アルバム・チャート最高第4位のヒットを記録。8万枚くらいは売れたと思う。

台湾と縁ができたし、翁清渓さんや弟子たちとも出会えた。菲菲さんのレコーディングは僕の仕事の幅を広げてくれたのだ。

日本初のジェットマシーン誕生!?

もうひとつ東芝のヒット曲の思い出を書いておきたい。安西マリアさんの73年のデビュー曲〈涙の太陽〉のことだ。

ディレクターは草野浩二さん、編曲は川口真先生。ロックにアレンジされた〈涙の太陽〉はマリアさんのハスキー・ヴォイスと若々しいイメージにぴったりで、最終的に50万枚を超えるヒットになったのもうなずける組み合わせだろう。

しかし事前にテープでマリアさんの歌を聴いた僕はズッコケてしまった。彼女の歌は正直なところ、愛嬌はあってもテクニックはない。もちろん浩二さんはそれを百も承知で「おい、ナメさん、なんとかなんないかい?」と他人任せ。いまならプロトゥールスなどのピッチシフターで音程を直してしまいたくなるほどのレベルだった(僕はいまでもやらないけど)。

エンジニアとしては川口先生のアレンジを壊さず、

〈涙の太陽〉

カッコよくてイケイケな感じのロック・サウンドを作りたい。自分の「引き出し」をひっくり返して、使えるネタを探して思いついたのが「ジェットマシーン」をカラオケに通すことだった。

アメリカのブラッド・スウェット&ティアーズが『血と汗と涙』の〈エリック・サティの主題による変奏曲〉終盤で管楽器に通したエフェクターで、独特のフェイズをコントロールしたサウンドが気に入って、いつか録音に使ってやろうと目論んでいたのだ。

だが日本には当時輸入されてもいないし、使っている人も皆無。オーディオのプロ用の輸入品を扱う坂田商会でさえ、いくら探してもそんな機材はないと言うほどだ。たしかに『血と汗と涙』の解説書には「ジェットマシーンというエフェクターを使用した」と書いてあるのに……。アイデアを思いついた以上どんな音になるか試したいし、諦めきれない。

そこで僕は自己流で日本初のジェットマシーンを作ることにした。要はああいうサウンドになれば成功なのだから。

その構造はこうだ。４台のテープレコーダーを用意して、１台を送り出し専用にして、間にエフェクト用としてレコーダーを2台挟み、４台目をマスター・レコーダーにする。

2台目のレコーダーのキャプスタン・モーターの周波数を49Hzから51Hzに変えてテープの回転数をコントロール、人工的に揺れ幅の大きいワウフラッターを作る。それを2台目のLチャンネルと一緒にパラレルで回した3台目のLチャンネルを、合わせて4台目のレコーダーにダビングすると、ショワーっというかっこいいフェイズシフトをかけることができた。

さらに間奏のギターソロにからむ効果音を何か入れようということになって、当時若者に人気だったレーシングカーの派手なエンジン音を足している。

これは実際にヨーロッパのサーキットで生録した音源で、東京のオーディオフェアでプロデューサーを務めていた林さんからのいただきもの。なんと林さんのお兄さんはハヤシレーシング代表の林将一さんで「兄のレースチームのエンジン音を録音したいので、機材について教えて欲しい」と聞かれたから、アドバイス料の代わりに音を使わせてもらえたのだ。ステレオ効果も演出できるし、激しいギターソロとからめて、うまく使うことができた。

赤坂スタジオでプレイバックを聴いたマリアさんには「効果音がカッコイイ!」とすごく喜ばれた。確かに当時の日本では唯一無二のサウンドだったのだけど、まさか

「君の歌がヘタだから入れたんだ」とも言えず黙っていたわけ。そのマリアさんも数年前に亡くなってしまった。

〈涙の太陽〉の思わぬ反響

1973年10月、東芝音楽工業は英国EMIの出資を受けて「東芝EMI」へと生まれ変わる。ちょうどそのときも〈涙の太陽〉はヒット街道をひた走り、サウンドの目新しさも話題になっていた。

たしか74年の初めころだと思うのだけど、ポリドールの前欽から僕の家に電話が来た。沢田研二さんの曲でジェットマシーンの音がどうしても欲しいのでこっそり貸してくれないか、と言うのだ。前欽は〈涙の太陽〉の音を聴いて、僕がどこかで現物を入手したと思っていたらしい。

すでにお読みいただいたとおり、種明かしは僕の即席的な発案。まさか4台のテープレコーダーをつないで作ったとも打ち明けられず「使う予定がいっぱいなので貸し出せない」などと口ごもっていたら、赤坂まで行くから使わせて！　と懇願するじゃないか。

いくらなんでもポリドール所属のジュリーの音作りを、そこの社員エンジニアが東芝ＥＭＩのスタジオで行うのはまずい。機材を貸すだけならダマテンでいいけど、さすがに真っ昼間から他社のエンジニアを東芝に呼ぶわけにもいかないし、社長に知れたら始末書ものだ。

そこで前欽にはひとけのなくなる23時に、スタジオに来てもらうことにした。いまでも忘れないが、約束時間きっかりにマスターテープを持ってやって来た彼は、いったいどれが「ジェットマシーン」なのか、目を皿のようにして編集室を見回していた。エンジニアの性分として、よほど実機が見たかったのだろう。

そんななか僕が突然４台のレコーダーをスタンバイして「行方式ジェットマシーン」をお披露目したものだから、前欽も「本物のジェットマシーンはないのかぁ⁉」とびっくり。ふたりで「せーの」でレコーダーを操作して理屈がわかったら納得していたな。

彼はサウンドそのものにはすごく満足してくれて、音を仕上げると明け方に帰って行った。どの曲だったのかは、残念ながら失念してしまった。

結局いまに至るまで、僕はジェットマシーンというエフェクターにお目にかかれていない。でも、みんな「あの音」が欲しかったみたいだ。東芝のエンジニアのなかには、レスリースピーカーよろしくマイクをくくりつけたブームスタンドをドラムセットの上で振り回して、強引に位相を変える方法を試したヤツもいたと聞いている。

もしかしたらBS&Tのエンジニアも僕と同じようなことをしていて、当のジェットマシーンなんてなかったのかもしれない。

どこの国だろうとエンジニアたちは、プロデューサーやミュージシャンの無理無体な注文にも対応して、うまく自分流のサウンドを作ってしまうものだから。「急場しのぎ」のアイデアで、即興的にピンチを乗り切っているのだ。

歌謡曲の黄金時代と歌い手たち

その当時僕が担当したほかのレコードは、鍵山珠理さん、つなき&みどり、ゴールデン・ハーフ、小川知子さん、小林麻美さんなどなど。こうしたお名前から、歌謡曲の黄金時代だったことがわかるだろう。

つなき&みどりは、ジャッキー吉川とブルー・コメッツのギタリストの三原綱木さんと女優で歌手の田代みどりさんによる夫婦デュオなのはご存知だろう。

三原さんとは先に書いた『ロック、サーフィン、ホット・ロッド』や〈悲しき願い〉のあとも、僕がバイトで訪れた外部スタジオで何度もお会いしていた。ブルコメ解散後はスタジオミュージシャンとして活躍していたからだ。

そんな三原さんが歌手としてデビューしたのが筒美京平先生の作曲による〈愛の挽歌〉(72年)で、僕が録音することができた。

この曲はハイハットから始まるリズムが粘っこい、ソウルミュージック的なアレンジが新鮮だった。だからドラム単体の音をクリアに録ることを念頭に、でもドラムセットとしての一体感を失わないように工夫を凝らした。左右のオーバーヘッドに加えて、ハイハット、スネア、バスドラムは独立してマイクを立てている。

ヴォーカルはマイクを2本立てて、三原さんと田代さんには向かい合わせで歌ってもらった。そうすると

〈愛の挽歌〉

視線で合図ができたり、口元を見て発音のタイミングがぴったりと合わせられる。〈愛の挽歌〉のように歌手が常にふたりで歌い、リズムもハーモニーもきっちり噛み合わせる必要がある場合はこの方法がいちばん。夫婦とはいえ、ハーモニーの難易度が高い曲だったと思う。

ゴールデン・ハーフは、70年に〈黄色いさくらんぼ〉でデビューした5人組。全員ハーフを売りにしたグループで、みんな美人だったな（あとからリーダーの小林ユミさんはハーフではないと知ったけど）。タレントさんたちだったので歌はちっともうまくなかったし、録音ではやり直しも多くて苦労した。

〈黄色いさくらんぼ〉

もともとこの曲は59年にスリー・キャッツが歌った、作詞作曲の浜口庫之助先生最初のヒット。一晩で書き上げたというオリジナル版は歌謡曲というより民謡的なアレンジだったのが、ホーンが活躍する若々しいアレンジで生まれ変わった。この録音をきっかけに浜庫先生と知り合うことができたので、強く印象に残っている。

余談だけれど、〈黄色いさくらんぼ〉で思い出すのは、そのパロディ曲を収録した『ワンダープーランド』のこと。

『ワンダープーランド』

僕の友人で音響デザイナーの和田則彦さんが、奇特な趣味の持ち主で、自分のおならの音を録音して集めていた。それを素材に、冗談、パロディ、コミックソングを詰め込んだ変なレコードを1978年に作ったのだ。〈THE HE!?〉なんて曲もあるし、おならによる〈ちょうちょ〉独奏もある。〈黄色いさくらんぼ〉では有名な「ウッフン」のところを、オナラでさまざまなバージョンの「プップー」で合いの手をやる感じだ。浜庫先生にもおうかがいを立てると、「おもしろいネ〜」と使用を快諾。ジャケット・イラストは、これも企画をおもしろがってくれた和田誠さんが描いてくださった。

内容の特殊さ（バカバカしさ?）も手伝って前評判はよかったのだが、実際にはまったく売れなかった。まぁ、なかなか生々しいオナラの音が入っているので、そんなに聴きたいとも思われなかったのだろう……。ただ、バラエティ番組のスタッフからは「コントのときに使える」と妙な評価をいただいたな。

〈ゆうべの秘密〉

小川知子さんが東芝音工から正式に歌手デビューしたのは、68年の〈ゆうべの秘密〉。それまで僕は、草野浩二さんとばかり仕事をしていたが、ディレクターの細川喬司さんが僕を気に入ってくれてお声が掛かったのだ。

この曲の録音のときに小川さんは風邪をひいて熱もあり、絶不調のなかの録音となった。スケジュールの都合で当日決行するしかなく、止むを得ず吐息風の歌い方になってしまった。〈初恋の人〉などと聴き比べてみるとわかるが、本来の彼女の歌唱とは違うのだ。

ところが、それが吉と出る。歌詞の世界観ともマッチした、影のあるはかなげな歌が賞賛されて曲はヒット。小川さんは一躍人気歌手となったので、スタッフみんなで落胆していたのがウソのような結果だった。小川さんも音を気に入ってくれて、僕が79年に東芝ＥＭＩを辞めるまで全曲の録音を担当することができた。

小林麻美さんは、それまでのアイドルとは違う気だるいアンニュイな歌声で記憶に

〈初恋のメロディー〉

残っている。京平先生が書いたデビュー曲〈初恋のメロディー〉（72年）は、彼女の雰囲気にぴったりだった。

当初は線の細いヴォーカルを少しでも太くしようとして、オーバーダブを試みたが、あまりうまくいかなかった。だから思い切って彼女のありのままの声にしたのだが、逆にそこが特徴になったからこそ人気が出たようだ。

これまで話してきたように、僕が録音を担当した方々は必ずしも専業歌手の人ばかりではなかった。ピッチやリズム感が怪しいなんていうのはざらだったのだけど、芸能界でデビューできるほどの人なんだから、どなたも歌の技術以上の何かを内に秘めている。

僕が手伝うことで、少しでもそういう部分を上手に引き出せればと思って録音していた。カッコよく聴かせられるアイデアを提案するのもエンジニアの仕事だと思っていたからだ。

オーディオフェアのこと

こうした録音の仕事を縫うように、オーディオ関連の仕事も着実に増えていた。オーディオ人気の高まりとともに各地で催しが活発に行われていて、その代表が1950年代から続く日本オーディオ協会主催の「全日本オーディオフェア」（91年以降、幾度か名称変更している）だろう。

70年代前半までは五反田TOC、それ以降は晴海にあった東京国際見本市会場へ移して開催。それでも大ホールはお客さんで溢れかえっていた。

僕は付き合いのあるオーディオメーカーからの講演依頼で、掛け持ちでブースを回っていた。そのため、フェアが始まったら山水電気、JBL、BOSEなど、顔を出すブランドのTシャツを4、5枚、講演する順番に重ね着しておく。それで各ブースに行くたびにTシャツを脱いで早変わり。僕が面倒くさがりだったこともあるけど、当時のオーディオフェアの活況を考えると、それぐらいしないと間に合わなかったのだ。

東芝もオーレックスを立ち上げてから、このオーディオフェアに出展していた。オーレックスを仕切る音響事業部長の稲宮さんから東芝ブースを手伝って欲しいと頼まれ、その後何年かプロデュースをやらせてもらうことになる。

稲宮さんはスケールの大きな人で、おもしろいことなら何でもあり、どんどんやってフェアを盛り上げて欲しいと言ってくれた。

晴海で開催されていたころのある年、僕はブースに8トラックのマルチテープレコーダーと、スチューダーのポータブル卓を持ち込んで、その場で録音と再生をしてやろうと考えた。

アンリ菅野さん、タンタンさん、マリーンさんという3人の女性シンガーを呼んで、オーレックスのブースで歌ってもらった。それを録音してその場でミックスの実演を見せながら、生歌と録音の聴き比べまでやってみると、お客さんには大好評。マルチのレコーダーまで持ち込んだので、なかなかの大仕掛けだ。

東芝の隣は幸運にもＪＢＬのブースだった。それで東芝、ＪＢＬ、山水電気のブースにケーブルを引っ張って、最終日のラスト1時間は3カ所で同じ音源を流した。いまだから言うけど、そのときのオーレックスのスピーカーがあまりよくなかったから、お客さんにもしっかり聴き比べて欲しかったのだ。

またある年は、ＪＢＬのブースで「人間の耳と電力の対決」という馬鹿げた企画をやったこともある。ＪＢＬのスピーカーが頑丈なのをいいことにどんどんボリュウムを上げていって、お客さんがその爆音に堪えられるか、先にブレーカーが飛ぶかを競ったのだ。

するとうちの弟子連中が悪ノリしてブレーカー押さえつけているので、ボリュウムがものすごく上がっていく。いい加減耳がおかしくなりそう……と思ったらバチーンという大きな音とともに音楽が停止。危ないことをするなと、協会からは怒られたな。

オーディオフェア会場でレコーディングを実演する筆者

そうでなくても僕が講演するブースは音がでかかった。五反田ＴＯＣが会場だったときは、上下階のテナントから苦情を言われたものだった。

第４章　テレビ主題歌とＣＭソング

〈サザエさん〉録音秘話

東芝音工のエンジニアだからといって、ポップスや歌謡曲だけ録音しているわけではなく、ひとりで録音を任されるようになると、テレビ番組の主題歌もたくさん担当させてもらった。

当時からアニメやドラマの主題歌は、各社とも力を入れていた。子供がすぐに覚えられるような「これぞテーマソング」というインパクトが必要だったから、作曲は有名な先生が担当したし、演奏はもちろん録音も重要視されていた。

アルバイトで録音したアニメ主題歌を挙げてみると、上高田少年合唱団が歌う〈スーパージェッター〉（65年）がビクター、越部信義先生作曲の〈ぼくらのパーマン〉（67年）と筒美京平先生作曲の〈おれは怪物くんだ〉（68年）がコロムビア、などなど。

東芝社内であれば、パラキンでもご一緒した九重佑三子さんの〈コメットさん〉（69年）、水原弘さんの歌を初めて録音できた『忍風カムイ外伝』の〈忍びのテーマ〉（69年）などがある。アニメだけでもかなりの数になりそうだ。

そのなかでも『サザエさん』(69年)の主題歌のことは思い出深い。オーレックスの事業部長だった稲宮さんがくれた一本の電話が始まりだった。

「うちがスポンサーになって、フジテレビで長谷川町子の漫画『サザエさん』をアニメーションにする。主題歌を作りたいんだけど、ナメさん、現場を仕切ってくれないか」という相談だった。

どなたに作曲を依頼するのかも決まっていなかったので、僕が推薦して京平先生にお願いすることですんなり決定。演奏は江藤勲さんや石川晶さん、さらにギターの杉本喜代志さんなど、おなじみのメンツを招集した。

オープニング・テーマの〈サザエさん〉の歌手選びには、裏話がある。

当初は、京平先生と相談して、まだ安田章子と名乗っていたころの由紀さおりさんにする予定だった。ところが由紀さんのスケジュールが合わず、これはまぼろしになってしまう。

さぁ困ったとなったとき、この曲のディレクターで東芝音工の社員、木山昭進君が「上手なシャンソン歌手がいるんですけど」と紹介してくれたのが宇野ゆう子さんだった。

いまから考えると宇野さん以上の適任者がいなかったことは間違いない。でも寸前まで東芝所属の歌手から選び直そうと思っていたので、この人選も幸運な偶然だった。

彼女のパンチのある声は僕も気に入ったし、京平先生の楽曲にぴったりだと思った。彼女を推してみると先生は「彼女の歌を聴いたことがないから、ナメさんに任せるよ」と言ってくれたので、とんとん拍子で宇野ゆう子さんが歌うことに決まった。

そんな経緯による起用だったのだけど、このアニメが国民的な人気を博したおかげで〈サザエさん〉が彼女の代名詞となった。

「銀巴里」に出演していたバリバリのシャンソン歌手だった宇野さんが、アニメの主題歌を歌うことを当時どう感じていたかはわからない。

コンサートでシャンソンを歌っていても、最後は必ず〈サザエさん〉をリクエストされるらしい。いつだったか久しぶりにお会いしたときには、「〈サザエさん〉が私の名前を売ってくれたんです」と感謝してくれた。宇野さんが歌うエンディングの〈サザエさん一家〉もずっと使われている。

挿入歌も僕が録音を担当していて、カツオ役の高橋和枝さんが歌う〈カツオくん〈星を見上げて〉〉はとってもいい曲で当時から気に入っていた。もう使われていないようだけど機会があれば聴いてみて欲しい。

そして〈サザエさん〉は僕にとってはもちろん、関係者全員にとっても記念すべき作品になった。まさかここまで長寿番組になるなんて誰も予想していなかったからで、ましてや僕が録音した〈サザエさん〉がずっと使われるなんて思ってもみなかった。だけど、エンジニアとしてはちょっと悔しいこともある。オープニングで使われているのが、明らかにテープ編集を失敗したバージョンだからだ。

放送用〈サザエさん〉は、マスターから38㎝のテープにコピーしてテレビ局に差し上げた。それを映像に合わせた曲の長さでハサミを入れて編集するのだけど、それがまずかった。

無理やり短くつながれてしまったおかげで、編集されたエンディング部分からピッチがズレてしまったのだ。1／4音ほどピッチが低くなった影響で、音色もこもり気味になっている。おそらく正確な音感を持っていないスタッフが担当したために、これが失敗だと認識されなかったのだろう。

エンジニアとしては誇らしい反面、編集箇所に差し掛かるたびにゾッとするのも正直なところ。僕が録音したマスターテープには、もちろんオリジナルの状態で収められていることを念のためお断りしておきたい。

〈ウルトラセブンの歌〉のコーラス

60年代後半から、東芝ではＴＢＳのドラマ主題歌の発売元となることが多かった。同局で音楽を制作していた関連会社の日音と組んで制作していたけど、そこには木山貢吉さんという人がいて、彼の弟が〈サザエさん〉でディレクターをしてくれた昭進君だった。その縁もあってこうした話が舞い込んだのだろう。僕も日音の仕事をいくつもやらせてもらえた。

『ウルトラセブン』（67年）も僕が録音した主題歌のひとつだ。〈ウルトラセブンの歌〉と言えば、壮大なファンファーレに続くあの冒頭コーラスを誰しも思い浮かべるだろう。

作曲と編曲は冬木透先生で、歌はジ・エコーズとみすず児童合唱団が担当した。ジ・エコーズは聞き慣れないグループ名かもしれないが、ＧＳのザ・ワンダースの別名義だった。ワンダースには尾崎紀世彦さんが在籍していて、コーラスの3番目に「セブン」と歌っているのが彼だ。

みすず児童合唱団の子供たちのプロ根性も印象的だった。ベルトの後ろに手ぬぐいぶらさげたバンカラな風体の先生が彼らを指導していたのだけど、子供がトチると「ごつん」と容赦ないゲンコツが落ちていた。それをスタジオでやるものだから、こちらもさすがにビックリ。子供たちはそれにも負けず、コーラスをものにしたのだから本当に大したものだった。

ワンダースのハーモニーに続く「セブン」を連呼するパートは、子供たちだけで歌うと「セッ、セッ、セッ」と聴こえてしまう。どうしても「ブン」を大きく発音できないので、ワンダースが「ブン」だけを少し大きめに歌ってくれて、OKテイクが完成した。

ウルトラセブンのあとには、桜木健一さんが主演した『柔道一直線』のドラマ主題歌を乃木坂の東京スタジオ・センターで録音した。わざとノンエコーにすることで木琴の音がリアルに録れている。

生録の飛行音を入れた〈アテンションプリーズ〉

日音との仕事ではドラマ『アテンションプリーズ』（70年）の主題歌も印象深い。そのころ、パンナム（パンアメリカン航空）が世界で一番大きいジャンボジェット機のボーイング747を導入、羽田空港にも就航することになっていた。

SLをメインに野外録音に夢中だった僕は、羽田に初飛来する747の音をテープに収めるために、デンスケを担いで羽田空港の滑走路の横の埋立地に陣取った。いまでこそ大田区昭和島の名前で大きな工業団地になっているが、当時はまだ埋め立てたばかり。殺風景なところでひとりぽつんと飛行機が来るのを待っていたのだ。

そのお披露目の日は、予定時刻を過ぎてもなかなか747が現れず、3～4時間以上も待ちぼうけをくらった覚えがある。やっと到着した747の着陸も離陸も両方じっくり録音して、東京からおそらく香港に向かって飛んでいくのを見送りながら、どんどん遠ざかる飛行音も録音していた。

だから生録後まもなく〈アテンションプリーズ〉の話が来たときに「しめた！」と思ったのだ。さっそく木山貢吉さんに、ジェットエンジンの音を入れるアイデアを出したら即採用。イントロには左から右にパンさせた離陸の音、真ん中にはエンジン音を薄くかぶせた機内アナウンスを挟み込んで、エンディングには上空を飛んでいるときの音を入れた。エンディングのエンジン音はレコードでしか聴けないと思う。

完成版を聴いた貢吉さんはとても感激してくれたし、僕も自信を持っている音源だ。ボーイング747の最初期の音を録音している人はわずかだと思うので、音のドキュメントとしても貴重なものだろう。

あの日は747に飽き足らず、新鶴見操車場の歩道橋からＳＬの音を録音しようと準備していると、警察に職務質問を食らった。ちょうどいい録音場所を物色していた姿が怪しく映ったのだろう、銅線泥棒を疑われていたのだ。名刺を渡して事情を説明したら納得してくれたけど、まことに昭和40年代らしい。

ＣＭ音楽を録音する

コマーシャル音楽も数え切れないほど録音している。ＣＭ音楽でもレコードでも、録音なんだから同じことだろうと思うかもしれないが、かつてのCM録音には独自の難しさがあったのだ。

CMの音声は、最終的には映像を収めたフィルの両端にあるサウンドトラックに収められる。そしてフィルムの音声は、オプティカル・サウンドという光学的な信号変換を用いる方式で再生される。この方式で扱える音声帯域は狭く、周波数特性でだいたい150Hzから4kHz程度だから上も下もバッサリなくなってしまう。

そのためレコードと同じ要領で録ると、オプティカルでは再生ができない。事前にEQやフィルターを総動員で音を調整しておくのだ。

また、録音現場もいつもと違う。すでに映像が録画されていれば、スタジオでそれを映写して、ミュージシャンは映像を見ながら演奏するからだ。

映画なんかで本編が始まる前に「3・2・1」とカウントが画面に流れるのを見たことがあるだろう。CMでもそれは同じで、フィルムの「2」の上にキズをつけておく。再生するとキズのところでブツとノイズが出るので「2ブッ」。ミュージシャンはこの「2ブツ」を合図に演奏を始める。だから「2ブツでいくよ」なんて声をかけていた。この場合は磁気テープで録音して、編集のときにフィルムへコピーしていた。

録画がなければ、演者とミュージシャンはむろん同録となる。同録だとフィルムにオプティカル・サウンドで録音していくので、調整には本当に苦労させられた。のちにCMでも磁気録音できるようになり、オプティカルから解放されたときはホッとしたな。

CM録音を僕によく依頼してくれたのは、いまはなくなってしまった日本天然色映画、通称ニッテンという広告制作プロダクションだった。

ニッテンにはすぎやまこういち先生の弟の椙山三太さんが在籍していて、いろんな仕事の話が舞い込んできたというわけ。それらは完全にアルバイト仕事で会社には内緒だったけど、先に書いた録音のことも含めてCM業界のことがよくわかったし、ありがたいことにとてもいい勉強になった。僕が録音を担当したCMを、ほんの一部だが列挙してみよう。

日産（サニークーペ）、ウエルダー、久保田鉄工、東京急行電鉄、ナショナル（浄水器、洗濯機）、三菱電機（テレビ、霧ヶ峰クーラー）、三洋電機（OTTO、扇風機、洗濯機）、シャープ（冷蔵庫）、旭電化工業（アデカソフト）、陽栄製作所（ダンホット）、キングトロフィー、旭化成（カシミロン子供服）、東レ（トレロン）、マルマン

（ガス・ライター）、エックスラン（バリエ）、ピアス（ピーパック）、十條キンバリー（クリネックスティシュー、ワンラップ）、ライオン歯磨、バイタリス（シェブロン）、柳屋（ヘアリンス）、サンスター歯磨（ハイサンスター、VO-5）、カネボウ（シャンプー）、藤沢薬品工業（チオクタン）、カネボウハリス（キックガム、チューインガム、チューインBON）、ビッグベンアイスクリーム、森永製菓（アイスクリーム）、フルタ製菓（エルモントチョコレート）、カゴメ（トマトジュース）、谷口商会（ファンシーボンボン）、ニッカウヰスキー（ハイニッカ）、大阪ガス、などなど。

あと珍しいところでは、大阪万博のCMも録音した。どれも60〜70年代のCMなので懐かしい企業名や商品名がたくさん見つかるだろう。

いつごろのバージョンかを失念してしまったんだけど、日産自動車の「サニー」のCMでアドバイザーを務めたこともある。列車に乗り遅れたお嬢さんを隣の駅まで送るため、車が雪道を走る設定だったから、制作スタッフは蒸気機関車の映像を撮りたがった。僕はその候補地を教えてロケハンのアドバイスまでして、録り溜めていた機関車の音を提供したのだ。

サミー・デイヴィス・ジュニアとの思い出

とりわけ印象的だったのは、サミー・デイヴィス・ジュニアさんを起用したサントリーの「サントリーホワイト」のコマーシャルだ。サントリーは70年代にサミーさんをホワイトの顔として継続してCMを作っていた。

最初の年は1973年で、2バージョンが制作された。ひとつは曲なしで、サミーさんがアドリブで歌とスキャットを披露したのだが、あまりの名人芸にみんな驚いていた。

もうひとつにはオリジナル曲を入れることになって、コルゲンこと鈴木宏昌さんが〈Get With It〉という曲を作ってきた。スケジュールの都合もあって歌は現地録音となったので、オケとガイドヴォーカルを録音したテープを、あらかじめサミーさんの元に送っておいた。仮歌を入れたのは、当時すでにヒット曲を持っていた松崎しげるさんだ。

われわれ日本のスタッフは、サミーさんのヴォーカルを録音するためにカラオケが入ったテープを携えて、彼の待つロサンゼルスへ。録音はA&Mスタジオ内のヴォーカル専用のスタジオで、大スター然としたサミー・デイヴィス・ジュニアを前にして緊張したことを覚えている。

サミーさんが〈Get With It〉をどう歌ってくれるのか。固唾を飲んで見守っていると、彼がマイクの前に来て「どうする？　まずはテストで歌ってみようか」と言うや、松崎さんそっくりにモノマネして歌い始めたのだ。あまりの見事さに全員大笑い。それで一気に緊張も解けて、コミュニケーションもバッチリになった。

録音中も彼の職人技を目の当たりにする。クレッシェンドのときにレベルが振り切れないよう、自らマイクと口元の距離を調節していて、それがことごとくちょうどいい音量。僕がフェーダーをいじる必要がほとんどないくらい、マイクの使い方がずば抜けてうまい人だった。

「シナトラは1回しか歌わないんだぜ」なんて言いつつも、歌い直しに応じてくれて、通しで3回ほど歌ってもらって録音は無事に終了となった。

レコーディング後、サミーさんはビバリーヒルズの丘の上にある自宅で開かれたパーティーにスタッフ全員を招待してくれた。自宅と言っても家のなかをツアーできるほどデカくて、ひとつひとつの部屋をじっくりと案内してくれる。趣味の部屋ではピストルも山ほどコレクションしていて、「これはジョン・ウェインが使っていたんだ」なんて説明してくれてね。

パーティールームではピアノトリオが生演奏するなか、女の子が5人くらい接待してくれて、高級な酒がふるまわれた。さらに驚いたのは、黒いカーテンがスルスル開いたかと思うとでっかいスクリーンが現れて、突然、高倉健さんが出演していた『ザ・ヤクザ』の上映が始まったこと。専用の映写室まである文字通りのホームシアターで、とにかくアメリカのスターのスケールには圧倒されっぱなしだったな。

翌日は観光でラスベガスに行く予定になっていた。それをサミーさんに話すと「OK、MGMグランドに泊まるんだね」と、カードにサラサラと紹介状らしきものを書いて「シアターの人に渡せばきっといいことがあるよ」と、にこやかに送り出してくれた。

実際にラスベガスのホテルで黒服の人にカードを渡したら、ステージの真ん前に席を用意してくれるVIP待遇。出演はすでに世界中で大人気だったジャクソン5で、マイケルはもちろん、ジャネットも3曲ほど歌って大喝采を受けていた。それを目の前で見られたんだから、サミーさんの影響力はすごいよね。

ＣＭは評判がよくて続編の制作も決定。次はサミーさんを日本に呼んで、和太鼓を叩いてもらおうというアイデアが出た。

録音を頼まれているとは言え、僕は隠れてバイトしているから東芝のスタジオは使えない。そこでフジテレビのプロデューサーの林良三さんに相談すると「うちのスタジオを使いなよ」と言ってくれた。テレビ用のスタジオは天井が高くて、余計な反射音が発生しないので同録しやすいのだ。サミーさんもノってくれて、すごく楽しい現場だったな。

ちなみに林さんは「林春生」名義で作詞家としても活躍していて、〈サザエさん〉と〈サザエさん一家〉の生みの親。そんなところでも僕と接点があった。

そして、サミーさんのＣＭでご一緒したディレクターはすぎやまこういち先生の妹の椙山由美さん。というわけで、僕は椙山家の３きょうだいと仕事をしていたのだ。

『ドラゴンクエスト』のオーケストラ録音

１９８０年代のことだから時代が飛ぶけど、主題歌（と、すぎやま先生）のつながりでテレビゲームの『ドラゴンクエスト』のテーマ曲にも触れておこう。偶然からトントン拍子で話が進んで、大きいプロジェクトに発展したのだ。

僕がエンジニアとしてさまざまな仕事をするきっかけを作ってくれた多田百佑さんは、東芝音工を辞めたあと、アポロン音楽工業（現在のバンダイ・ミュージックエンタテインメント）にプロデューサーとして勤務していた。

そんな多田さんからある日、「すぎやまこういち先生にお願いしたい企画があるんだけど顔が利くかい？」と連絡があった。それが『ドラゴンクエスト』のための〈交響組曲「ドラゴンクエスト」〉。なんでも、多田さんがエニックスに行ったときにすぎやま先生とすれ違って、「ドラクエ」の話を聞いたらしい。

当時のビデオゲームは使える音数も音色も制限されていたにも関わらず、すぎやま先生がシンセサイザーで作ったオリジナルの楽曲は、とてもクラシカルで厳《おごそ》かだった。多田さんはそれをクラシックのフルオーケストラで録りたいというのだ。

僕はゲームの音楽のことはまったくわからないけど、多田さんからのたってのお願いだし、さっそくすぎやま先生に連絡を入れてみた。

あのときのすぎやま先生の大声は忘れもしない。僕が六本木、ステレオサウンド社向かいの公衆電話から先生に依頼内容をお伝えすると、「やるー！」と即答。思わず受話器から耳を離したほどの大声だった。

これは裏話だけど、いざ費用を計算してみると、フルオケを雇うにはアポロンの予算が足りないことが判明。それでもＮＨＫ交響楽団の選抜メンバーで室内管弦楽団を組めたし、尚美学園のホールを借りて録音することができた。

オーソドックスな天吊りの3点マイクに加えて、サブマイクを数本立てて録った。ホールの残響をうまく収めることができたし、楽器の響きもきれいに録音できていると思う。

すぎやま先生も、音楽家としていつかはオーケストラのための交響曲を自分の手で作ってみたいと思っていたという。その想いが実現できてうれしかったと感激された。それがあの即答と大声の理由だったのだ。

ドラクエは世界中に熱狂的なファンを生み出す作品になったし、ゲーム音楽の域を超えて聴かれるようになった。社会現象的なブームになった3作目からはフルオケでの録音が叶ったのだけど、その人気ぶりたるや1作目での予算不足が信じられないほど。僕は『ドラゴンクエストⅤ天空の花嫁』（92年）までエンジニアを担当している。

その後もすぎやま先生とは、ドラクエ諸作のほかにも印象的な仕事をご一緒している。たとえば１９８９年の映画『ゴジラvsビオランテ』のサントラのフルオケ録音や、ＪＲＡのファンファーレ録音などだ。意外に知られていないのだけど、東京競馬場や中山競馬場などで流れるファンファーレは先生の作曲なのだ。

よくよく聴いてみるとどちらも、ドラクエ序曲にも通じる高揚感のあるメロディだと気づくだろう。

ちなみにＪＲＡのファンファーレ作曲陣は、すぎやま先生のほかに旧知の川口真先生や、宮川泰先生、服部克久先生、鷺巣詩郎先生という豪華な顔ぶれだ。僕が録音を担当したＣＤも発売されている。

第5章　アルバイトする東芝社員

太田裕美さんとの仕事

僕が東芝音工～ＥＭＩの社員でありながら、ほかのレコード会社の録音をたくさん担当していたことは、すでに書いてきた。20代、30代の僕は、本当に貪欲だった。エンジニアとして一流になりたい、職人的に技術を極めたい、その一心だった。

エンジニアは場数を踏んで、どんどん自分の引き出しにネタをストックする必要があるし、思いついたアイデアを試す機会も必要だ。会社には悪いなと思いつつも、お声が掛かればどんどん仕事させてもらったのだ。

先にも書いたように、こうした仕事も作曲家や編曲家の先生、各社のディレクターといった方々から直接仕事を依頼されていた。

基本的には僕の「音」で指名してくださっていたとは思うんだけど、たいがいのスタジオミュージシャンたちとツーカーだったことも大きいはずだ。気難しい連中も少なくないし、エンジニアはスタジオの雰囲気を円満に保ってセッションを前に進める役割も任されるものだ。

こうしたアルバイト仕事のなかで、特に密な仕事をご一緒したのは、CBS・ソニーの所属だった太田裕美さんだろう。筒美京平先生から「録音はナメさんで」と直接電話をいただき、太田さんが渡米するまでの全作品を担当した。

京平先生はミキサーの個性を熟知していたので、ご自身が手掛ける歌手、作品によって誰に録音を任せるか、最適な組み合わせをいつも考えていた（たとえば、いしだあゆみさんならコロムビアの岡ちんだ）。ディレクターは白川隆三さんだった。

デビュー曲の〈雨だれ〉はモウリスタジオで録音している。でも僕は当時モウリが使っていたクォードエイトのコンソールの音が好きじゃなくて、ミックスダウンは別の場所でやらせてもらった。

それがAMS（赤坂ミュージック・スタジオ）の2スタで、ここのスチューダーのコンソールはややハイ上がりで独特の音がした。

僕は特にこのコンソールに入っていたEQをとても気に入っていた。女性ヴォーカルに色気をプラスするのにぴったりのイコライジングカーブを持っていたからだ。

支配力の強いミックスダウンのときにコンソールを変えたり、EQをかけることによって音に個性を出せる。どのスタジオを選んでマスターを仕上げるのかも、いわば音作りのうちなのだ。モウリでは、渚ゆう子さんはじめ、いろいろな人の曲をミックスした。

太田さんと言えば〈木綿のハンカチーフ〉について書かないわけにはいかない。僕が録音を担当したアルバム『心が風邪をひいた日』に収録していたのだが、同作のなかでもことさら評判がよかったのでシングル化の話が出たようだ。

そこで松本隆さんが歌詞を一部変更、京平先生がストリングスなどを追加したシングル用のアレンジで発売された。だからアルバムとはまったく別に僕が再録音している。それがものすごいヒットになったのは、ご存知のとおりだ。

〈木綿のハンカチーフ〉

シングルが爆発的なヒットになったものだから、当時は業界誌だったオリコン社の「コンフィデンス」のチャートに何週間も連続でランクインする。本来なら僕も大喜びすることだが、今となっては笑い話と言える事件が起こった。

僕がアルバイト仕事をするときは変名の「上村英二」でクレジットをお願いしていて、雑誌やなんかにエンジニアの名前が載るときもそれで通していた。
ところが何の手違いか〈木綿のハンカチーフ〉のときに限って、本名で掲載されてしまったのだ。ただ向こうもおっちょこちょいなのが、行方洋一の「洋」が「陽」になっていたけど。

それでも業界の人間に見られたら、僕が録音したっていうことは隠しようがない。もっとも、前に書いたように周囲の人たちは僕のバイトを知っていたし、みんな黙認してくれていた。

だが東芝ＥＭＩの社長の目に入るかも……となれば話は別だ。ライバル会社の大ヒット曲に関わっていたと知られたら、何を言われるかわかったもんじゃない。

そこで、苦肉の策をとった。会社に届く「コンフィデンス」の見本誌を集めると、後輩、弟子たちの手も借りて、僕の名前を片っ端から黒いペンで消したのだ。ああいうのは担当ごとに送られてくるので、一度に何十冊やったかわからない。

２週目まではなんとかなったけど、３週目にはもう面倒くさくなって、出版元のオリコン社に電話して僕の名前を削除して欲しいと頼み込んだ。でも「決まりだから載せる」の一点張りで、しかたなく黒塗り作戦を最後までやったけど、おそらく６週間くらいはやったんじゃないだろうか。

一連の太田さんとの仕事は、僕が70年代に手掛けた歌謡曲録音の集大成と思って満足しているし、オーディオ的な聴きどころも多いと我ながら思う。

僕がオーディオ評論家として、製品の試聴取材のときよく再生していたのが78年の『エレガンス』に収録されている〈サマー・エンド・サンバ〉。彼女の声やガットギターの響きを聴くと、そのオーディオ・システムの実力がよくわかったので、リファレンス・ソースとして重宝した。


〈木綿のハンカチーフ〉から3年後、筒美・松本コンビに白川、行方という同様の座組で挑んだのが、中原理恵さんのデビュー曲〈東京ららばい〉(78年)だ。当時新宿南口にサンルート東京というホテルがあって、そこのCMソングだった。

この曲の途中でチェロがオブリガートを弾く部分は、ピンポイントでボリュウムを上げた。マルチ録音になってからは、ミックスダウンのときにこうした音作りを行うのだ。

〈東京ららばい〉

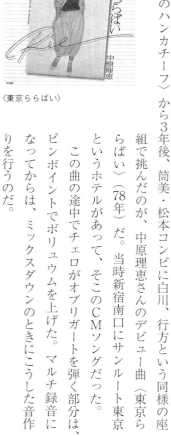

京平先生の書くオケのスコアは音数が多くて、楽器が入れ替わり立ち替り登場する。だから各楽器のバランスを取りつつ、先生はここを聴かせたいはず……というところで音量をグッと上げてしまう。

同業者から「そんなにフェーダーを上げたり下げたりして大丈夫なの？」と聞かれると、僕はたいてい「カッコよくなればいいじゃない」と答えておいた。

実際に京平先生から注意されたことはないし、エンジニアの裁量でできる創意工夫を気に入ってくれたのだろう……と僕は理解している。

『ザ・ベスト』

平山三紀の声の魅力

平山三紀（平山みき）さんも印象に残っている歌い手だ。日本コロムビア時代最後のシングル〈恋のダウン・タウン〉（78年）から、CBS・ソニー時代の全作を、アルバイトで録音を担当した。

移籍後の初アルバム『ザ・ベスト』（80年）では

〈真夏の出来事〉〈ビューティフル・ヨコハマ〉〈フレンズ〉〈恋のダウン・タウン〉など往年の名曲をリメイクしたが、オリジナルのエンジニアは、なんと我が盟友の岡ちんこと岡田則男さん。あとにも先にも、こういう偶然はこのときだけだ。

僕は岡ちんが録った音は好きだし、自分では作れないと尊敬していた。改めて自分が担当してみると、彼女独特の声のキャラクターを生かしきった岡ちんの録音はすごいと思った。だから僕も無理はせず、彼女の声の魅力をそのまま聴かせつつ、1980年にふさわしい音に仕上げるようにした。

日本の女性歌手には珍しく中低音が際立つ三紀さんの歌声は、とにかく説得力がある。声は低いけど、言葉が不明瞭にならないのでずしっと響いてくる。彼女の声質の魅力はもっと評価されるべきだろう。

ちなみにコーラスはシンガーズ・スリーが担当した。当時歌謡曲のコーラスでスタジオに呼ばれるのは、ほとんどが彼女たちだったと言っても過言ではない。ミスはないし、声量も安定していてミックスしやすかった。〈木綿のハンカチーフ〉のシングル版でも彼女たちがコーラスを歌っている。

ジャズの録音と仲間たち

ジャズの録音に本格的に取り組むチャンスに恵まれたのも、アルバイト先だった。東芝でも録音してはいたが、いかんせんタイトル数が少なかった。

まとまった数を担当できたのは、日本人ジャズメンのアルバムを熱心に制作していたタクト・レコード。タクト電機というオーディオメーカーが立ち上げたジャズ・レーベルだけに、録音にもこだわりがあって、メインのエンジニアは菅野沖彦さんが務めていた。タイトル数を増やしていたこともあって、知り合いを通じて僕にも声がかかったのだ。

レコーディングはテイチク・スタジオで行われることが多く、ライヴ・レコーディングもたくさんあった。タクトは立ち上げからしばらくしてコロムビアと提携したので、一部の作品はCDが再発されていまでも聴くことができる。

東芝EMIのジャズでは、渡辺香津美さんのデビュー・アルバム『インフィニット』（71年）も僕が担当した1枚だ。

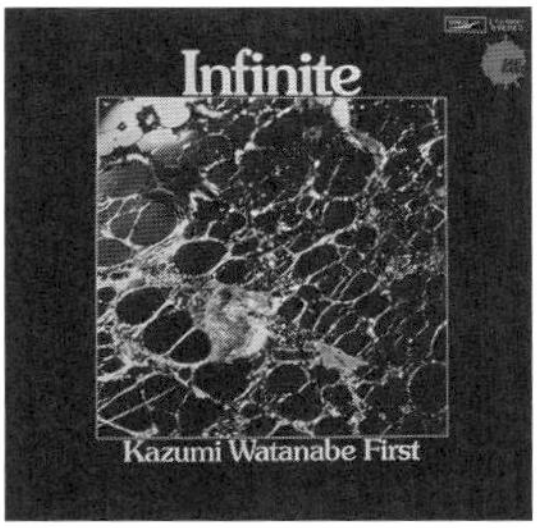

『インフィニット』

デビュー時の渡辺さんはまだ18歳で、テイチク・スタジオに詰め襟の学生服姿でやってきた。付き添いで来た師匠の中牟礼貞則さんにうながされてぎこちなく挨拶していたけど、テクニックはすでに一流。そのギャップには驚かざるを得なかったし、実際にほとんどやり直しもない。あのアルバムから、若さや勢いが感じられるのはそのためだ。僕も素のままを丸ごと録るように注意した。

僕が初めて録音した本格的なフリージャズである、佐藤允彦さん、ゲイリー・ピーコックさん、日野元彦さんのトリオによる『サマーディ（三昧）』（72年）も強く印象に残っている。その張り詰めた空気感ごと録音したつもりだ。いつ終わるとも知れない長尺の演奏だから、こちらも普段とは違う緊張感があった。

ジョニー・ハートマンさんと日野皓正さんの競演盤『ハートマン・ミーツ 日野』（73年）も忘れがたい。

東芝の1スタで、ヴォーカルとバンドを同録している。ハートマンさんのテナーヴォイスと日野さんのトランペットの掛け合いを、絶妙なバランスで録音できた。王

『ハートマン・ミーツ 日野』

道のモダンジャズらしいサウンドを引き出せたと思う。
　このアルバムもそうなのだけど、僕はウッドベースを2本のマイクを使って録音している。1本は胴の鳴りを録るために楽器の手前に置いて、もう1本はウレタンで巻いて駒とテイルピースの隙間にセット。これをミックスすることで、ソリッドな弦の響きと低域の量感を合わせ持ったウッドベースのサウンドを作るのだ。

　70年代は数多くのジャズ・ミュージシャンとレコーディングする機会に恵まれた。ドラマーならば、猪俣猛さん、石松元さん、日野元彦さん、山木秀夫さん。ピアノは前田憲男さん、市川秀男さん、コルゲンさん、井上鑑さん。ギターなら横内章次さん、松木恒秀さん。顔ぶれを見るとわかるように、歌謡曲の現場でご一緒する方も少なくない。
　みんな酒が強かったし、彼らと飲み始めたらだいたい朝までコース。ミュージシャンも前向きだったし、エンジニアも前向きだった。江藤さん、コルゲンさん、松木さ

『MODE:ODD』

ん……みな亡くなってしまった飲兵衛仲間だけど、音楽の話をするときは、ものすごく真剣だった。

　レコーディングが夜中までかかってしまいそうなときは、スタジオでビールなんかを飲んで待ってもらっていた。松木さんなんて「今日は僕、もう帰らないよ」って、スタジオにあったスタインウェイのピアノ用カバーにくるまって寝ちゃうこともあった。

　そのときに松木さんのボウヤをしていたのが、70年代からプリズムのギタリストとして活躍する和田アキラさんだった。２０１６年にプリズムの新作『MODE:ODD』のマスタリングを担当したときに挨拶してくれたのだけど、こちらは初対面のつもり。「松木さんのボウヤをしていた……」と言われて、40年ぶりの再会であったと知ることになる。

中村照夫さんとの友情

ジャズマンのなかでも公私にわたる友人になったのは、ベーシストの中村照夫さんだ。彼とはあまりに仲がよくなってしまったので、逆に初めて会った細かな時期などは忘れてしまった。おそらくそれは1970年代の初めころで、レコード会社の人の紹介で知り合うことができたのだと思う。同年代の照夫さんとはすぐに打ち解けたけど、彼はアメリカに住んでいたので、しばらく顔を合わせることもなかった。

その数年後に僕は初めてニューヨークに行くことになり、真っ先に顔が浮かんだ照夫さんに思い切って連絡を入れてみた。わざわざ車を借りてまで空港に迎えに来てくれた彼は、僕の姿を見るなり「これなら大丈夫」とひと言。治安が悪くて有名なニューヨークでも、髭面で長髪の僕なら金持ちの日本人にはおよそ見えないので襲われる心配はないだろう、というわけ。

彼はブルーノートに連れて行ってくれて、顔見知りのミュージシャンや仲間たちに僕を紹介してくれると「仕事があるから」とさっさと帰ってしまったのだ。置いて行かれた僕は英語もわからず途方に暮れてその場は笑ってごまかし、ひとりでライヴを楽しんだ。

試練は帰りの地下鉄で、車両に強盗が潜んでいるのはないかと気が気ではなく、本当に怖かった。無事ホテルに辿り着くと、照夫さんの言うように、僕の身なりのおかげかと妙に納得した。

それからも照夫さんが日本に帰ってくるたびに食事に行くようになり（彼は一滴も酒を飲まないけど）、40年以上の付き合いとなっている。

照夫さんがプロデュースして2001年に日本で制作したジョー蒲池さんの『スプレッド』で、僕は録音とマスタリングを担当。主役のジョーさんはもちろん、フルートのヒューバート・ロウズさんやサックスの峰厚介さんなど、照夫さんの日米の友人が集結したアルバムになった。

近年再発されたTBM時代の『ユニコーン』やライジング・サン・バンド名義の『ライブ・アット・カーネギー・ホール』は、僕がデジタル・リマスタリングを担当している。

『ユニコーン』

第6章　高音質録音・再生への挑戦

chap 8
chap 7
chap 6
chap 5
chap 4
chap 3
chap 2
chap 1

時代とスタジオ環境の変化

ここまでの章では、僕が東芝音工に入社した1960年から70年代半ば過ぎころのエピソードを中心に書いてきた。その隙間にちょっとずつ当時僕が使っていた機材のことにも触れてきたけど、大きな録音環境の変化が訪れた60年代後半から70年代前半についてまとめて記しておこうと思う。

繰り返しになるけど、僕がエンジニアになったころのミキシングコンソールは真空管増幅で、操作の肝となるボリュウムは左右に回転させる丸型ノブが普通だった。モノーラル録音・再生が主流で、使えるマイクは多くても8本程度でチャンネル数は2。必要があればサブミキサーを用意して連結することで12本程度は使える。

東京オリンピックのころにステレオ時代がやってくると、マイクは24本使えるようになってチャンネル数は3に。なぜ3チャンネルかと言えば、センター音像を重視するためだ。

テープレコーダーも当然ステレオに対応した3トラック1／2インチ仕様に変わっ

た。4トラックに対応したのは東芝音工が溜池に移るタイミングで、引っ越しを機に総入れ替えして再び自社製のコンソールに戻ったのだ。

レコードの音がガラッと変わったのは、実感では1インチテープによる8トラック録音が出てきてからだった。身近なたとえを出せば、弁当箱が大きくなって、いろいろなおかずが詰められるようになることと似ている。8トラックなら余裕のあるアフターレコーディングが可能だった。

ただしそれも、70年代の半ばにはあっという間に2インチテープによる16トラック録音時代へと変わり、コンソールのチャンネル数は24、32と数年おきにその数が倍ずつ増えていくような時代に突入。当然真空管は使われなくなり、トランジスター式のコンソールだけになっていた。

レコーダーのトラック数が多くなれば、テープヒスなど特有のノイズも増えてくる。ドルビーやdbxが開発したノイズリダクションシステムが登場するのもこの時代だ。

チャンネル数が増えることによっておもしろい音が作れるようになった反面、ミュージシャンがひとつの部屋に集まって、「せーの」で音楽をやる凄みは幾分薄れたようにも思う。

リーケージ（音被り）は当たり前で、それもあって音がうまく混じり合う。僕にとってはそれこそが「音楽」だった。チャンネルセパレーションが物理的にも向上して輪郭のくっきりした音が録れるようになったけど、個々の音がパサパサでうまく演奏の一体感が表現できなかったり……そのバランスをいかに取るか、自分の思う「音楽」のまとまりを生み出すための研究は常に怠らなかった。

ヘッドフォンの普及も、スタジオの雰囲気を一変させた要因だろう。それまではオケをスピーカーで再生しながらアフレコしていたが、それではスピーカーから出た音をもろにマイクで拾ってしまう。ヘッドフォンの性能がどんどんよくなって録音でも使えるようになったけど、その反面、個人作業のような雰囲気になるのだった。一長一短あるものだ。

フェーダーは触らせない

我の強いミュージシャンのなかにはフェーダーを自分でいじりたがる人もいたけど、僕は絶対に触らせなかった。また、プレイバックを聴いたミュージシャンからはよく注文をつけられたけど、実は言われた通りにすることはほとんどない。「もうちょっとハイを上げて」なんて言われても、パッチ・ケーブルを差し替えたりして、いかにも調節したように見せてごまかしていた。つまり嘘をついているんだけど、それもテクニックのひとつ。特にコンピューターが入る前、アナログ機材のみの時代というのは、ツマミでもフェーダーでもちょっとした誤差で音色が変わってしまう可能性がある。サウンド全体に影響を及ぼしかねない安請け合いは禁物だった。

ミュージシャンはその場で直感的に自分の理想を言うけれど、完成後（マスタリングされてレコードになった状態）の音を、彼らがイメージすることはできない。

餅は餅屋で、完成後の姿まで考えて音を作るのは僕たちの仕事。その分、何も言わずに任せてもらえるようになるくらい、お互いの信頼関係を築く必要があった。

音楽的にどうしたら理想的な録音ができるかも勉強したけど、ミュージシャンとのコミュニケーションをいかに円滑にするかにも力を注いだ。彼らの様子をうかがいながら、どんな言葉を、どのタイミングで言うのか。本当に気を使っていたな。

「いい演奏を録音する」ことがエンジニアの仕事だとすると、ミュージシャンが余計なことを考えずに演奏に没頭できる環境を整えることも、僕らの仕事に含まれてくる。一流スタジオが建物や内装に凝っているのは、同じ理由からだ。

ＪＢＬスピーカーとの出会い

エレクトロニクス機器への不満はだいぶ減ったいっぽう、60年代が終わりを迎えても、依然としてモニタースピーカーの性能は僕の悩みの種だった。

たいていのスタジオにはアルテックの銀箱（６０４Ｅ）かＡ７、国産であればダイヤトーンが置かれていたのだけど、僕はそれが好きになれなかった。東芝スタジオはアルテックで、麹町スタジオはダイヤトーンだったと思う。

ようやく自分好みのスピーカーが見つかった！　と感じられたのがＪＢＬのスタジオモニターの音を聴いたときだった。それは、なんとアビイ・ロード・スタジオでの出来事だ。

そのころ、ＥＭＩと提携していた各国のディストリビューターや関連会社が一同に会する国際会議がロンドンで行われていた。東芝音工も余裕が出てきたこともあり、技術部の部長にくっついて、僕にとって初の海外渡航を体験した。たしか１９６８年ころだったと思う。

その空き時間を利用して、アビイ・ロード・スタジオを見学することができたのだ。ビートルズは当然バリバリの現役、数々の録音を行っているスタジオ2やコントロールルームも見せてもらえた。

そこで意外に感じたのがモニタースピーカーだった。イギリス系のタンノイが置かれているだろうとは思っていたが、ＪＢＬの2ウェイ機がその横にセットされていたからだ。

そのプレイバックの音は素晴らしく、僕はその場で感激していた。自分のレコーディングで、どうしてもＪＢＬを使いたい……。日本では一部のオーディオマニアが使っていたくらいで、録音スタジオへの導入例はなかったはずだ。

帰国するとすぐ、僕は当時の山水電気の社長にＪＢＬを売り込み、輸入代理店になることを熱心に勧めてみた。日本でも扱っていた商社があったようだが、全国的に展開できるほどの力はないようだったからだ。

そして山水が無事に代理店業務を開始するや否や、早速ＪＢＬを使わせてもらうようになる。日本では僕がエンジニアとして最初にスタジオに持ち込んだのではないだろうか。

モニタースピーカーの重要性

1970年前後に、太田裕美さんの項で書いたモウリスタジオが完成する。目黒という好立地でスタジオの音も秀逸だったから、あっという間に人気を博した。

モウリの技術顧問はビクタースタジオ出身の関口東司さん。機材は彼が選んで、モニターはアルテックA7が3台並んでいた。僕はアルバイトの録音でたびたび足を運ぶうちに、準レギュラー・エンジニアのような格好になっていたので、わがままが言えた。

だからJBL4320を1ペア、僕専用スピーカーとしてモウリに置かせてもらうことになった。あくまで私物なので、自分の録音をJBLでモニターすると倉庫に片付けてしまう。ほかのエンジニアたちが僕のJBLのことを感づいていたかどうか知らないけど、彼らはスタジオのA7を使っていた。

そうしたら、スタジオを使うミュージシャンたちがモウリにクレームを入れたようだ。

「ナメさんのときはすごくいい音でプレイバックが聴けるのに、別のエンジニアのときだとスピーカーの音がワンワンする」と言ったらしい。ＪＢＬと比較することで、モニタースピーカーの重要性にみな気づいた様子だった。

モウリでもＪＢＬを正式に採用することになって、僕が山水電気を紹介。４３２０より少し大きくて、搭載ユニットが異なる兄弟機の４３３１が導入された。

その後、僕は行く先々のスタジオでＪＢＬのよさを吹聴して回っていたから、モウリと同じようにモニタースピーカーを入れ替えるところも出てきた。さらにメインアンプをマッキントッシュにするスタジオも多くなって、モニタリング環境は一挙に向上していったのだ。

東芝スタジオでは銀箱に加えて、１スタにモウリと同じ４３３１を導入。４３２０は社外録音用のモニターとして用意した。

僕はそれこそ山水の営業マンと呼べるほどがんばったので、アメリカのＪＢＬ本社を視察したときは随分待遇がよかったな。モウリに置いていた僕の４３２０は、その後自宅に持ってきて、いまでも元気に音楽を鳴らしている。

ここで裏話をひとつ。僕がバイトをしていたころ、ＣＢＳ・ソニーは六本木にスタジオを構えていた。そこのモニタースピーカーはウエストレイクで、低域の音がちょっとブーミーだった。

僕はどうしてもウーファーを交換したくなって、パイオニアのエンジニアだった木下正三さんに相談。同社のプロ用ブランド、テクニカル・オーディオ・デバイセズ（TAD）のユニットに載せ替えてしまった。実はこれも現場判断で、スタジオのスタッフと話をつけて勝手に作業を進めていた。ソニーのエンジニアたちもウーファーの音に不満があったのだ。


その後、木下さんがパイオニアを退社して自身の「レイオーディオ」を設立するのは、オーディオマニアならご存知の通りだ。僕が東芝を辞めてビデオ・サンモールに入社したとき（後述）、そのスタジオ用のラージモニターを木下さんにお願いして組んでもらった。

38㎝ウーファー、ホーン型ミッドレンジ、トゥイーターを搭載した、大型3ウェイモニターが完成。冒頭で書いた東京の拠点となるスタジオでも、ずっとメインモニターとして音を鳴らしていたものだ。このスピーカーはネットワークに何度も手を入れながら、自分好みの音を追求していた。

スタジオの顔はＡＰＩ

70年代中ごろから、真空管に取って代わってトランジスターを用いた、高Ｓ／Ｎのコンソールが出回るようになる。東芝製16チャンネル・コンソールに限界を感じていた我々は、時代に即した新たなコンソールの導入を決意した。

前にも書いたけど、当時のメジャー・レーベルはどこも電機かオーディオメーカーの子会社だ。松下電器のテイチク、ビクター、日本コロムビア（デンオン）など。だから東芝のように親会社が自分のところの卓を使わせることは当たり前であった。アビイ・ロードでも、僕が行ったときにはＥＭＩのコンソールを使っていたほどだ。でも技術屋としては、親会社が作った保守的な卓より、最新技術で作られた新興メーカーのコンソールを使いたくなるもの。

コンソールはスタジオの顔だし、音を決めるもっとも重要なファクターだ。僕が候補選びの責任者を任されて、東芝ＥＭＩの新しい音にふさわしい製品を検討することになった。

そのころ日本のスタジオで導入実績が多かった海外製コンソールは、おそらくクォードエイトだろう。だが、銀座の音響ハウスや四番町のサウンドイン、あるいはモウリスタジオなどでそれを操作していた僕は、長所も短所も知っていたので、あらかじめ候補から除外した。

そのときのリサーチで最有力だったのは、イギリス本国やアメリカでも人気が出ていたニーヴ・コンソールだ。先の出張ではケンブリッジの本社工場にもお邪魔したし、サウンドも気に入っていた。

僕の心もニーヴに傾いていたのだけど、話を聞きつけた日本の代理店が東芝ＥＭＩに営業に来て、強引に話をまとめようとしてきた。

僕はそのやり方が気に食わなかったんだけど、ニーヴは使ってみたい。だからその代理店を通さず、直接ニーヴから購入して送ってもらったはずだ。同社のなかではもっとも小型の製品をセレクトして、東芝スタジオの2スタのコントロールルームで使っていた。

結局、僕たちが導入したのはＡＰＩの16チャンネル・コンソール３２２４だ。音にガッツとメリハリがある、いかにもアメリカン・サウンドという出音が気に入った。

東芝スタジオの１スタ、コントロールルームの様子。手前がAPIのコンソール3224で、モニタースピーカーはJBLの4331とアルテックの銀箱604E

ＡＰＩを勧めてくれたのは、山水ヨーロッパの紹介で知り合った、フランス在住のイギリス人コーディネーターのジョン・モズレーさんだ。彼とはその後、ヨーロッパのオーディオフェアなどを一緒に回る仲になった。

ＡＰＩと東芝のコンソールは何もかも違っていた。真空管からトランジスターへの変化が大きいとはいえ、東芝製はいい意味でも悪い意味でも日本人が作ったコンソールだったことを痛感した。堅牢で実直だけど、色気に乏しい……東芝のコンソールはレコーディング用途ではなく、ラジオ放送局で使われることを念頭においた設計だったこともそう感じさせたのだろう。

ＡＰＩは音の立ち上がりが抜群で、眠い感じが微塵もない。フェーダーの操作感もヴィヴィッドで、僕のように細かく操作するエンジニアにとってそれはとても重要なことだった。

さらに秀逸だったのがイコライザー５５０Ａの性能で、当時の僕が担当した作品は、ほぼこのＥＱを通して音を作っている（ちなみに５５０Ａは、東芝がコンソールを入れ替えるタイミングで譲り受け、後述の日暮里のスタジオで稼働中）。

それにＡＰＩはとても丈夫なコンソールで、僕が東芝にいる間は動作不良の話を聞いたことがなかった。もちろん東芝のスタッフがメンテナンスを怠らないからなのだけど、機械によってはそれでもダメなものだ。

思い返してみても、あのときAPIを選ぶことができて本当にラッキーだった。あの卓こそが、70年代の東芝EMIの音になったのだから。

4チャンネル再生のこと

1970年代は録音機材も変わっていったが、一般のオーディオの性能もどんどん上がっていった時代だった。音質を追求するいっぽう、ステレオ再生を超えるようなオーディオ体験を生み出すことはできないのか、模索が始まってもいた。

その答えのひとつとして、日本の電機メーカーが、現在のサラウンド再生方式の先駆けとなる4チャンネル・ステレオ再生機とレコードを開発。71年ころから、レコードと専用のオーディオ・システムを売り出していった。

みなさんは結果をご存じだと思うのだけど、4チャンネル再生は音楽ファンの間では浸透せず、数年でフェードアウトする。失敗の理由としては、参入メーカーによって規格がバラバラで再生環境を統一できていなかった（最終的には2つにまで絞り込めはしたが）ことが大きいだろう。

東芝がRM、CBS・ソニーがSQ、ビクターがCD-4、サンスイがQS、という具合いだ。ここまでバラけてしまっては、簡単にひとつに絞り込めず、高価なオーディオの買い替えも躊躇せざるを得ない。東芝について言うと、実は山水のQSでエンコードしたものをRMとして売り出していたのだけど。

レコード自体は、4チャンネル・ステレオ盤は通常のステレオ盤としても聴けるコンパチブル仕様だった。エンジニアの立場からは、2チャン・ミックスと4チャン・ミックスを作らなければならないので、結構大変な仕事だった。

コンパチ仕様にはいい面があって、ステレオで聴いても通常盤よりも、左右スピーカーの外まで広がるようなイメージで聴くことができた。「4チャンネル・レコードは音がいい」と言われるのはこのためだ。

僕が録音した4チャンネル・レコードで特に印象深いのは、何度となく録音をご一緒していた石川晶とカウント・バッファローの『ダイナミック・ビッグ・バンド・ヒット・サウンド』（73年）だ。サラウンドの特性を生かして、4本のスピーカーで思い切り音を動かしている。

ほかにはフリーダム・ユニティの演奏、サミーさんとシンガーズ・スリーの歌による『ダイナミック・ロック』（71年）、横内章次さんの編曲が冴えるデューク・エイセス『ファンタスティック・コーラス』（73年）、A面が荒木圭男さん編曲でゴールデン・サウンズの演奏で、B面がコルゲンさん編曲で石川晶とカウント・バッファロー・オーケストラの演奏、と趣きが変わる『4チャンネルRMサウンド』（73年）などがあった。

それでも4チャンネル・ステレオの開発はオーディオ・録音業界によい影響をもたらしてくれた。その研究過程において、ステレオ録音、再生機器の性能が向上する技術が生まれたからだ。

こうした可能性は、僕がのちに「プロユース・シリーズ」でレコード盤自体の性能を上げることを考えるきっかけにもなる。

プロユース・シリーズの誕生

先に書いたように、4チャンネル・ステレオは商業的には失敗した反面、カッティング手法の刷新やカートリッジの技術開発などにより、2チャンネル・ステレオにおける再生周波数ワイドレンジ化やステレオ音場の向上を達成していた。

それを目の当たりにした僕は、「いまなら最高の音質でレコードが作れるのでは」という思いを強く抱くようになる。それが「プロユース・シリーズ」の始まりだった。

だが、どんなに録音段階でのハイファイ化を押し進めたとしても、レコード盤そのものの性能が上がらなければプレスした途端に失われる音がある。マスターテープの音をできる限り、ＬＰでも再現できなければ「最高」とは謳えないだろう。

プレスやメタルマザーの精度向上はもちろん、レコード盤の「形」から再検討する必要があると、僕には感じられていた。

そんなことは前代未聞、世界中を見渡してもやっていないことだ。かなり大胆でお金が掛かる企画だったので、オーディオブーム真っ只中だったとはいえ、コケたら大変だ。僕のエンジニア生命を左右すると覚悟していた。だから職人としての矜持を示すためにも「プロユース・シリーズ」と名付け、録音の限界、レコード盤の限界に挑んだのだ。

当時できうる限り最高の録音、カッティング、プレスの環境を整え、耳の肥えたオーディオマニアに満足してもらえるLPを届ける。言わば公道を走る必要のない、ひたすら性能を追求したレーシングカーを作るようなものだろう。

マニアに限定してしまえば、リスナーの再生装置を言い訳に音を譲歩する必要はない。内心ではミコの〈私のベイビー〉で感じた悔しさへのリベンジに燃えていた。

各レコードには、僕が録音とカッティングに用いたシステムを詳細に記した解説書を付けていた。長くなるが、そこから代表的な使用機材を抜粋してみよう。

プロユース・シリーズのレコーディングやミックスは、東芝EMIの赤坂スタジオでAPIコンソールを核に、16チャンネルのマルチで行った。録音には当時新しく開発された超高感度な2インチテープを使っていて、微細な音でも漏らさず録音できてS／Nも向上していた。

リミッターはほとんど使わなかったので、急峻なピークや立ち上がりも均していない。このダイナミックレンジの広さは音楽を聴くおもしろみのひとつだし、再生装置の能力を試すことにもなる。〈私のベイビー〉ではダメ出しをくらったけど、「プロユース」ではこれが売りになるのだ。

ラッカー盤のカッティング・レースは、ノイマンのターンテーブルＶＭＳ-７０と同社カッター・ヘッドＳＸ-７４の組み合わせがベース。それを東芝ＥＭＩと東芝総研で開発した、カッティング・アンプシステム「ＰＣＡＳ-Ⅲ」によって駆動することで、高精度なラッカー盤の製作が可能になっていた。

またカッティング時と再生時の針の違いによるトレーシング歪みを緩和するための「ＰＴＳ-Ⅲ」という装置も導入。中高音の伸びや音の分離感の向上に寄与して、レコード盤の弱点である最内周の音溝の歪みも軽減できていたと思う。

ＰＣＡＳもＰＴＳも枝番からわかる通り３代目で、これまでも東芝の録音を支えてきた機材であり、プロユース・シリーズに合わせて先代から改良を加えていた。

プロユース・シリーズではハーフスピード・カッティングを採用している。

マスターテープは通常スピードの38cm／secではなく、76cm／secで回して録音した。その76cmテープを38cm／secで再生、ラッカー盤の回転速度は33rpmではなく16rpmにしてカッティングする。

これによりＳＮ比、周波数特性、音の立ち上がりなど、音質が向上する利点を持っていた。この手法は、のちにＣＢＳ・ソニーなど高音質を謳うリマスター盤を出していたレーベルでも採用されたようだ。

そして、僕がこだわったのが、前述したようにレコードの「形状」だった。

従来のレコード盤のふちには「グルーヴガード」という堤防のような盛り上がりが作られていて、ガードがあることで、盤を出し入れする際など音溝に傷がつかない、とされていた。これは昔のレコードにはなかったので、いつからかは定かでないが、グルーヴガードありが標準仕様となっていた。

僕はこのグルーヴガードこそ、物理的にレコードの音質を阻害していると考えた。通常のレコードは重量１５０ｇ程度と薄くて柔らかいので、針圧をかけることでわずかに内周に向かってたわんでしまう。すると針と音溝が正しく垂直に接地できず、歪みの原因となる。これではせっかくカッティングで正確を期した意味がなくなるし、音溝がマイクロメートル単位で刻まれていると考えれば有意な誤差となる。

だからグルーヴガードを廃止して、レーベル部分から外周まで完全にフラットなレコードを作ってもらった。レコードの材料もレジンを基材に配合を見直すことで、硬くて磨耗に強く、静電気が起こりづらい、専用の盤を開発してもらった。

特別な盤にすると、工場では完全な別ラインを用意して生産しなくてはならない。現場にとっては負担だけど、埼玉の川口にあった東芝のプレス工場に通いつめて、職人の方なんかに僕の想いを説明し、満足できる品質になるまで試行錯誤に付き合っていただいた。とにかく、徹底的にやらないと「プロユース」は名乗れないと思っていたのだ。

こうしたイレギュラーなことに会社ぐるみで対応してくれた背景には、東芝音工時代からのトレードマーク「赤盤（エバークリーン・レコード）」の存在が小さくなかっただろう。

赤盤は「レコード界の技術革命」や「永久にちりやほこりのつかないレコード」なんて言われていて、高品質なレコード盤が作れることは東芝の誇りだったからだ。

ちなみに、赤盤とは原材料の塩化ビニールに帯電防止剤を混ぜたもので、通常の黒盤との識別のためにわざと赤く着色していた。その赤色は当時の川口工場にいた柿沼さんという職人さんしか配合できなかった。柿沼さんが70年代半ばに東芝を退職してしまったので同じものを作ることができなくなった、という裏話もある。

プロユース・シリーズは最終的に78年ころまで続き、合計50作以上リリースすることができた。オーケストラ、ジャズ、フュージョン、ヴォーカルもの、蒸気機関車の音、祭り囃子、など内容はさまざま。それらを編集したオーディオ装置のチェックディスクも作っている。

ここで代表的なディスクをいくつか挙げてみよう。僕が録音したプロユースは品番が「LF910」で始まってリリース順に並んでいるのでわかりやすい。

『読響ポップス』（**75年**）

プロユース・シリーズの第1弾。録音と制作だけでなく、音楽もこれまでにないものを聴いてもらいたいと思っていて、ジャンルの垣根を飛び越えた。アレンジャー協会と読売日本交響楽団（読響）が作ったクラシックやポップスのフルオケバージョンを収めている。

読響によるオーケストレーションと、羽田健太郎さん、直居隆雄さん、江藤勲さん、石川晶さんのカルテットによる演奏ががっぷり組み合っている。

『読響ポップス』

〈80日間世界一周〉〈ツァラトゥストラはかく語りき〉〈栄光への脱出〉などをファンキーに演奏した作品だ。編曲は、すぎやまこういち先生、小野崎孝輔先生、宮川泰先生、南安雄先生が担当してくれた。

この『読響ポップス』はアクロバティックな録音を試している。モウリスタジオの1スタに読響を、2スタにカルテットを配置して同録しているのだ。

こうした試みが評判を呼んで、想像をはるかに超える売り上げとなった。続編も制作できることになって、同メンバーで『読響ポップスⅥ』（76年）まで6作品リリースすることができた。『読響ポップス』が売れてくれなかったら、プロユース・シリーズもどうなっていたことか。

『サテン・ドール』（75年）

横内章次さん、稲葉国光さん、ジミー竹内さんによるトリオ作。ベテラン演奏家による円熟のスタンダード集だ。横内さんは録音にも造詣が深く、ギターの音には特にうるさい人だった。「なんでギブソンの箱ものは音がいいかわかるかい？　一個のピックアップで胴鳴りと弦の音を両方拾ってミックスするから深々とした音になるんだ」なんて教えてくれる。

そこで僕は、エレキギターの録音のときにはアンプにマイクを立てるのに加えて、ピッキング・ノイズごと生鳴りを録るために楽器の前にもう一本マイクを置く方法を考えついた。これをミックスすると生々しいギターの音を作ることができた。

音の厚さを感じさせたい場合はボディに近づけるけど、マイクの指向性はピッキング位置から外さない。それでブーミーになればマイクを遠ざける。そういうのはグラフィックイコライザーで音を変えるのではなくて、あくまでマイキングで調整していくわけ。

横内さんとは、古くは奥村チヨさんの〈終着駅〉などで編曲を担当されたころからのご縁だ。プロユースではジャズ・ヴォーカリストの木津ジョージさんの『木津ジョージ・ファースト』(77年)でも演奏してもらっている。

『HIT MACHINE/筒美京平の世界』(76年)

筒美京平先生の自作曲や海外の曲をディスコ・アレンジした企画盤。75年の11月から、76年の3月まで約半年の期間を費やして録音した。

演奏に、ギターが水谷公生さん、直居隆雄さん、松木恒秀さん、キーボードが羽田健太郎さん、深町純さん、ベースが武部秀明さん、ドラムスが田中清司さん、パー

『HIT MACHINE／筒美京平の世界』

カッションがラリー寿永さん、斉藤ノブさん、トランペットが羽鳥幸次さん、サックスが村岡建さん、岡崎広志さん、コーラスがシンガーズ・スリーで、オールスターが勢揃いしていた。

『驚異のパーカッション・サウンド!!』（76年）

村上ポンタ秀一さん、深町純さん、ベースの高水健司さんという編成。当時みんな20代だったはずだけど、ポンタさんをはじめ、みなテクニックがずば抜けていた。

深町純さんは、モーグとアープのシンセサイザー、ソリーナ、ハモンド、ピアノ、クラヴィネット、マリンバ、ヴィブラフォンなどなど、ありとあらゆる鍵盤をプレイしている。深町さんはすごくいいアイデアを持っていた。

このディスクは2チャンと4チャンのコンパチだった。

『コルゲン・ワールド』（76年）

コルゲンさんのピアノに、ベースの稲葉国光さんとドラムスの日野元彦さんが加わったトリオによる演奏。僕の名前を織り込んでくれた〈Ode To "Na-Me"〉や〈A Little One For Young Guys〉などはオススメだ。

『驚異のサウンド! パイプオルガンの魅力』（76年）

エレクトーン奏者の齋藤英美さんの作品で、上野石橋メモリアルでパイプオルガンを弾いてもらった。

パイプが並ぶフロアに、ノイマンSM69とM269を置いて録音した。パイプは横に広がって並んでいるので、それを自然に収めるだけで超ワイドなステレオイメージが現れる。

最小限のリミッティングで録っているので、深々とした最低域まで聴くことができるのはパイプオルガンならでは。なぜか〈泳げたいやきくん〉を収録しているが、これは曲が足りなかったので即興で弾いてもらったもの。おもしろかったので採用となった。

『驚異のオーケストラ・サウンド』（77年）

天理教から東芝に『交声曲「元の理」』の特注レコード作成の依頼があったのが

1976年のこと。作曲は團伊玖磨先生で、録音では指揮も行った。髭面、ランニングシャツに短パンという出で立ちでオーケストラの録音に現れた僕に、團先生が目を丸くしていたな。

プロユース・シリーズであれば、トランペットのファンファーレと合唱が荘厳な第3楽章〈陽気ぐらし〉を、オーディオ的にも興味深く聴いてもらえるだろうと再録している。

収録場所は千葉県文化会館。スチューダーのポータブル卓を核としたシステムと愛用のJBL4320を持ち込んでいる。

読売日本交響楽団のフルオーケストラに、天理教のコーラス隊約50人とトランペット隊約10人が加わった、100人を超える規模のとんでもない録音だった。メイン・マイクは天吊りのワンポイントで、トランペットには別のマイクを立てている。

レコードで聴いたときのステレオイメージを最大限発揮させたかったので、ステージ上の楽器群の配置を入れ替えている。レコーディングだからこそできる荒技だけど、團先生も読響メンバーもすぐに納得してくれた。

実際に團先生の指揮で演奏が始まると、それは壮大で美しいものだった。ステレオの広がり感は、このプロユース・シリーズ盤でも聴いていただける。

スチューダーのポータブル卓とJBL4320を前に『交声曲「元の理」』を録音する筆者

B面は、エーリッヒ・ベルゲル指揮、読売日本交響楽団によるムソルグスキー〈交響詩「禿山の一夜」〉とドビュッシー〈牧神の午後への前奏曲〉を収録した。

『アビイ・ロード』の世界初リマスタリング

プロユース・シリーズでは、ビートルズの『アビイ・ロード』と、ピンク・フロイドの『狂気』を、僕の手でリマスタリングして発売する僥倖《ぎょうこう》にも恵まれた。1978年のことで、これがリマスタリングの持つ可能性を実感した最初のできごとだった。大手のCBSやインディのモービルフィディリティといったレーベルが、高音質リマスター盤を発売する少し前のことだ。

『アビイ・ロード』と『狂気』は当時からオーディオマニアにも人気が高く、ぜひともプロユースで発売したかった。英国EMIに両作品のマスターテープの借用をお願いすると、前者は76㎝／secの1／2インチテープがポンと送られてきた。

そのマスターを聴いてみると、本当に鮮度の高い音が飛び出してきて、ビートルズの録音はすごいと改めて感心。同時に、これならば音質的に納得できるものが作れると大喜びした。

『アビイ・ロード』のサウンドの特徴とも言える低域をカッコよく出したかったので、マスタリングでは、50Hzくらいにちょっとしたピークを作っている。

さらに全体的にモコっとした感じがあったので、４００Hzくらいを少し膨らませて、２ｋHzくらいにピークを作って音をはっきりさせ、20ｋHzをちょっと持ち上げて音のヌケをよくした。

本作は大きな評判を呼んで、オーディオマニアだけでなく、たくさんの方に買っていただけた。これまでにない日本独自の『アビイ・ロード』として、いまでも評価していただけているのは本当にうれしい。

『アビイ・ロード』

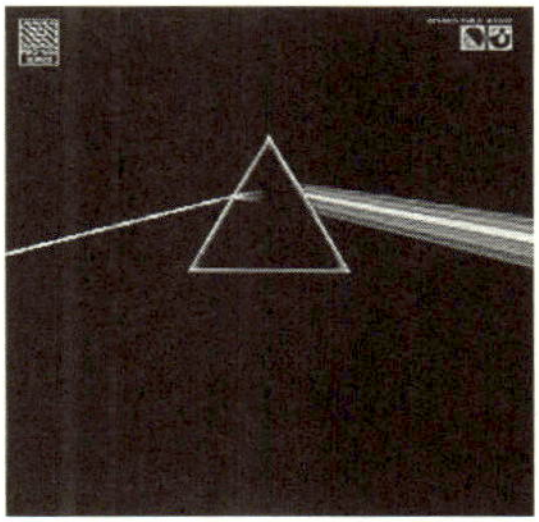

『狂気』

ちなみに、１９８２年に東芝ＥＭＩから『アビイ・ロード』の世界初ＣＤが発売された際に用いられたのがこのマスターだった。どうも勇み足だったらしく、英ＥＭＩからのクレームによって即刻回収、まぼろしのディスクとなった。念のため書いておくけど、これは僕のマスタリングではない。

ピンク・フロイドの『狂気』は、その凝りに凝ったサウンドを僕も研究した。録音のよさはいまでもオーディオファンに支持されているし、定番のリファレンスソフトでもある。

プロユースでは74年に出た４チャンネル・ステレオ用のマスターを使ってステレオ化。ＱＳでエンコードした２チャン／４チャンのコンパチブル盤なので、通常のステレオ盤よりも立体感を出せているはずだ。

この『狂気』が発売されたあと、再度ロンドン出張の機会があった。山水電気のヨーロッパ支社のスタッフと、イギリスやフランスでオーディオショウを見て回ったのだ。

その際にＡＩＲスタジオも見学することができた。ＡＩＲにはたまたま、アビイ・ロードでエンジニアのアラン・パーソンズさんのアシスタントを務めた方がいて、異国の同業者である僕に『狂気』の録音に使ったテクニックを惜しげもなく教えてくれた。だが、彼はその後すぐに亡くなってしまったそうだ。

本作マスターでCD化はされていないので、中古レコード店などでプロユース・シリーズのアナログ盤を探して聴いてみて欲しい。

ダイレクト・ディスクに挑む

プロユース・シリーズの成功から、僕はさらに純度の高い録音にチャンレンジしたいと思うようになっていた。しかしこれまで通りの録音方式では、プロユースを超える音質を得られる見込みはない。

音の純度を損ねる要因としては、信号経路の複雑化やテープ録音時の変質が考えられる。そのため、コンソールでミックスした音楽を最短経路でレコードにできて、録音にテープは使わない方式を採用するほかない。となると「ダイレクト録音」に取り組む以外にはなかった。

その先鞭をつけていた日本コロムビアは「ダイレクト・カッティング」というわかりやすい名称で、しっかり商標登録まで済ませる念の入れようだった（これはあとで僕も知ることになる）。

ダイレクト録音とは、ミキサー卓でミックスした音声信号をテープレコーダーに録音するのではなく、直接ラッカー盤に録音（カッティング）するレコーディング方法のこと。原理的にはテープを通さない分だけ音の劣化が少なく、鮮度の高い状態でプレスできる。

もちろん、いいことばかりではないから、テープ録音が主流になったことも忘れてはならない。

テープのように編集できないからミュージシャンは途中で失敗できないし、片面分の演奏が終わるまでは休憩もできない。失敗したらそのラッカー盤はパアになる。

エンジニアとしてもテストプレスまでプレイバックを聴くことができないから、セッションが本当に成功したかは「勘」に頼るしかない。カッティングマシンほか、少しでも機材トラブルがあればそれまで。誰にとってもとんでもないプレッシャーがかかるのだ。

テープレコーダーが開発される前、1940年代までの録音はダイレクト録音が当たり前だった。というか、ほかに選択肢はなかった。ただし、SP盤であれば長くても4分ほどでレコーディング・セッションが済んでいたので、LPの片面分を耐え抜くほどの集中力も必要ではなかっただろう。

ダイレクト録音のためには、スタジオ建物内にカッティングマシンがなくては始まらない。だが東芝スタジオにはマシンがなかった。東芝は完全分業制で、カッティングは専用の工場で行われていたのだ。

そこで御殿場の工場からノイマン製のカッティングマシンを1台、スタジオの2階に移設。ただし、微細な音溝を彫り込むカッティングという作業には、外部からの不要な振動が命取りとなる。ラッカー盤に直接録音するとなれば尚更で、1週間かけて徹底した制振対策が施された。

さて、いざレコーディングが始まれば、すべてがぶっ通しのぶっつけ本番。だから事前にほかのスタッフと入念な手順の打ち合わせをして、僕も録音の練習を何度となく行った。エンジニアとしても、普段以上に同時進行で片付けなければならない作業が出てくる。

不安要素のひとつに、演奏者へのキュー出し後にマスターボリュウムを上げるタイミングがあった。あまり早く上げてしまうとノイズが入ってS／Nが悪いと判断されてしまうし、遅いと音の頭が欠けてしまうからだ。テスト・カッティングを何度も行って、ベストのタイミングを身体に染み込ませるのは至難の技だった。

カッティングマシンの操作も並大抵ではない。直前のテストで、あらかじめ溝幅や録音レベルなどを考えて本番に臨むのだけど、テスト通りに本番が進むとは限らない。そのさじ加減が難しくて、長く録音できるように溝幅を狭くすれば隣の溝にくっついてしまうし、溝幅を広くすれば収録時間が短くなってしまう。

カッティングレベルも重要で、高ければカッター保護用のブレーカーが働いてしまう。でも、ピークまで突っ込むのを怖がって安全なレベルでカッティングすれば、「ダイレクト録音らしい迫力がない」とリスナーをがっかりさせてしまうかもしれない。カッティングは御殿場から担当エンジニアの岡崎さんに来てもらったけど、彼も大変な思いをしたことだろう。

先にも書いたように、録音後プレイバックすらできないのでとにかく不安は大きい。その理由は、でき上がったばかりのラッカー・マスターは特に柔らかく、再生針を走らせてしまえば音溝が傷ついてしまうからだ。

そういったことからも、必然的に演奏には錚々たるミュージシャンたちが選ばれた。入念な準備をしていても、あとあとの苦労を考えれば、我ながらなんでやりたいなどと言ってしまったのか……そんなことすら頭をかすめるほどだった。

最終的に「ダイレクト・ディスク」と名付けたシリーズは、20数作品ほど制作できた。印象に残っている作品について、少し思い出を書いてみよう。

ダイレクト録音独特の緊張感

記念すべき1作目となる『アット・ザ・スタンウェイ　衝撃のピアノ・ソロ』（76年）は、深町純さんのピアノ・ソロによるアルバムだった。いきなりバンドを録音するよりはうまくいくだろうと予想して、トップバッターを引き受けていただいた。

『アット・ザ・スタンウェイ　衝撃のピアノ・ソロ』

録音は順調に進んだものの、最後の最後で痛恨のミス。深町さんがスプーンを使ってピアノの弦をシャラーンと弾いてエンディングに向かうはずが、手を滑らせてスプーンをピアノのなかに落としてしまった。それも片面の残り1分もないところで……。

しかたないので「世界で一番高いレコードだぞ」なんて言いながら、NGテイクのラッカー盤を彼にプレゼント。そんな冗談でも飛ばしていないと、空気がピリピリしてやっていられなかった。

ダイレクト録音でスタジオの演奏が長くなると、内線で「あと何分くらいOK?」って2階と連絡を取り合いながら録音を進めていた。そろそろ溝がいっぱいになってくると、曲をフェードアウトしてもらうため、部屋の電気を一瞬消してミュージシャンに合図。録音中は気を抜く暇がなかったな。

1作目で録音作業の要領を掴むことはできたが、ミュージシャンにとっては毎回が一発勝負。独特の緊張感漂う現場を体験し、ダイレクト録音の難しさを思い知った。

プロ中のプロも「もう懲りた」

続く2作目はカウント・バッファローによる『エマジェンシー』(76年)。石川晶さん(ds)、直居隆雄さん(g)、コルゲンさん(key)、寺川正興さん(b)、ラリー寿永さん(per)、羽鳥幸次さん(tp)、村岡建さん(sax)、鈴木正男さん(bl-s)、新井英治さん(tb)、タンタンさん(vo)という編成。

レコーディングは東芝スタジオの1スタで、レコーディングは2日に渡って行われ

「ダイレクト・トゥ・ディスク」制作のために作られたカッティング・ルームにて

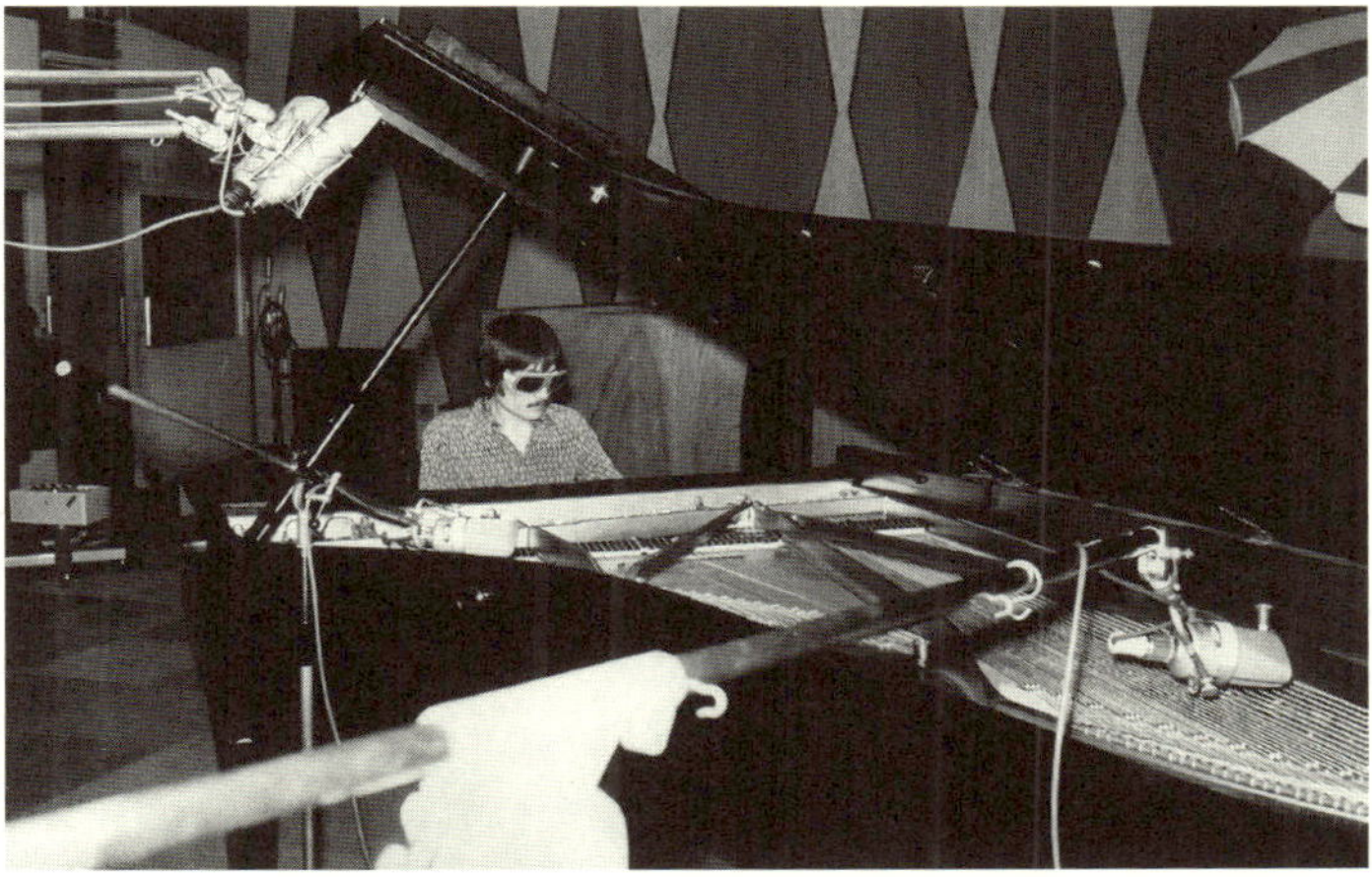

ダイレクト録音に臨む深町純氏

た。初日は何テイク録ったのだろう。僕らも初めてだったし、覚えていないくらいたくさん演奏してもらった。

終わってから石川さんたちは「テレコを使った方がリラックスしてもっとよい演奏ができるし、時間も短縮できるのに……」と疲れた様子。それほど大変なレコーディングだったのだ。

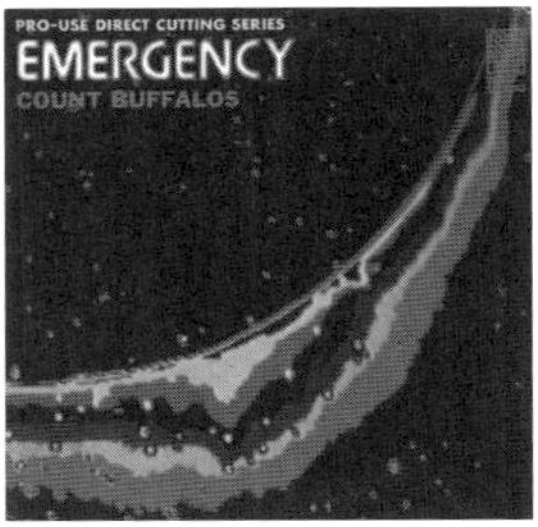

『エマジェンシー』

そしてコルゲンさんにいたっては「もう懲りた、明日は絶対に来ないぞ」と宣言。本当に降りるというので、2日目のB面セッションでは市川秀男さんにトラで来ていただいた。

2日目からタンタンさんが合流した。彼女が歌うのはB面の2曲目〈Don't Let Me Be Lonely Tonight〉と、3曲目の〈I've Never Found A Man〉だが、録音を中断できないので、インストゥルメンタルの1曲目から椅子に座って待っているほかない。

狭いヴォーカルブースにスタンバイして、いきなり声を出すのは難しかったと思うが、ばっちり決めてくれた。ノン・リミッターのヴォーカルはいままでにないくらいに新鮮なサウンドで、レコードを聴いてもらえれば、まるで目の前で歌っているように感じられると思う。

楽器録りはなるべくオンマイクにして、ベールを1枚も2枚もはいだような、ダイレクトな音を堪能してもらうことを意識した。

ドラムのマイキングを例にすると、マルチマイクで録った。ハイハットはAKG C451を10㎝手前くらいに置き、スネアにはエレクトロボイス RE16を、タムタムの間からスネアに向けて5㎝手前あたりに置いている。バスドラム、タムタム、フロアタムなどには、それぞれエレクトロボイスRE20を4本置いた。収録曲〈Drum Solo〉の演奏では、マルチマイク録音の良さが十分に感じられるだろう。

レコーディング後のメンバーは揃って「二度とこんなことはやりたくない」「いくらもらってもイヤだ」と散々な言いよう。ところができ上がったテスト盤を聴いてあるメンバーが、「ナメさん、テレコで録った音と随分違うね。誰かが演奏しているときに、モニタールームで聴く音と同じだね」と言う。ダイレクト録音のサウンドにはそれほどの魅力があったのだ。

で、あれほどイヤだと騒いでいたメンバーが『エマジェンシー テイク2』の録音を決意したのだから、相当の衝撃だったのだろう。

シリーズ名に待ったがかかり……

ここで先述の商標権の問題について書いておこう。

『エマジェンシー』を発売して安心しているところに、旧知の日本コロムビアの穴沢さんから電話が来た。「『ダイレクト・カッティング』はうちの商標だから、東芝でその名前は使えないんだ」とおっしゃる。

わかりやすいだろうからと「ダイレクト・カッティング」というシリーズ名を使用したのだが、この段になってようやくコロムビアが商標権を取得していたことを知ったのだ。

穴沢さんのとりなしもあって、しばらくは「ダイレクト・カッティングは日本コロムビアの登録商標です」というシールを貼ることで落着。

以後、東芝ＥＭＩでは「ダイレクト・トゥ・ディスク」という名称で通すことにした……はずなのだが、それからしばらくは「ダイレクト・カッティング・シリーズ」という名前が残っているし、レーベル面に申し訳なさそうに「ダイレクト・トゥ・ディスク」と印刷されたものもある。デュークエイセスの『DUKEACES』あたりから「ダイレクト・ディスク・シリーズ」に改まるのだが、名称の変更がなんでこんな経緯になったのか。記憶はすっかり抜け落ちている。とにかく商標権は切れているからここでもダイレクト・カッティングと書いてもいいのだけど、どうにも落ち着かない気がする。

横内章次さんのリーダー作『ボイリング・ポイント』（76年）では、中本マリさんが〈My Funny Valentine〉や〈Misty〉で、ヴォーカルとして参加した。ほかのメンバーは、ベースが稲葉国光さん、ドラムが野村元さん、テナーが西条孝之介さん、ヴィヴラフォンが松石和宏さん。

マリさんには例によって出番までじっと待ってもらっていたが、初めての録音方法で相当戸惑ったようだった。緊張もあってか「あんまりうまく歌えなかった」としょげていて申し訳なかった。待ち時間が長くなるヴォーカリストにとっては、ぶっ通しの録音は大変だったのだ。

舘野泉さんの『The Marevrous Piano Sound 怪談』（76年）は本当に素晴らしい作品だ。舘野さんが弾く〈小泉八雲の怪談によるバラード〉の妖しげな雰囲気と張り詰

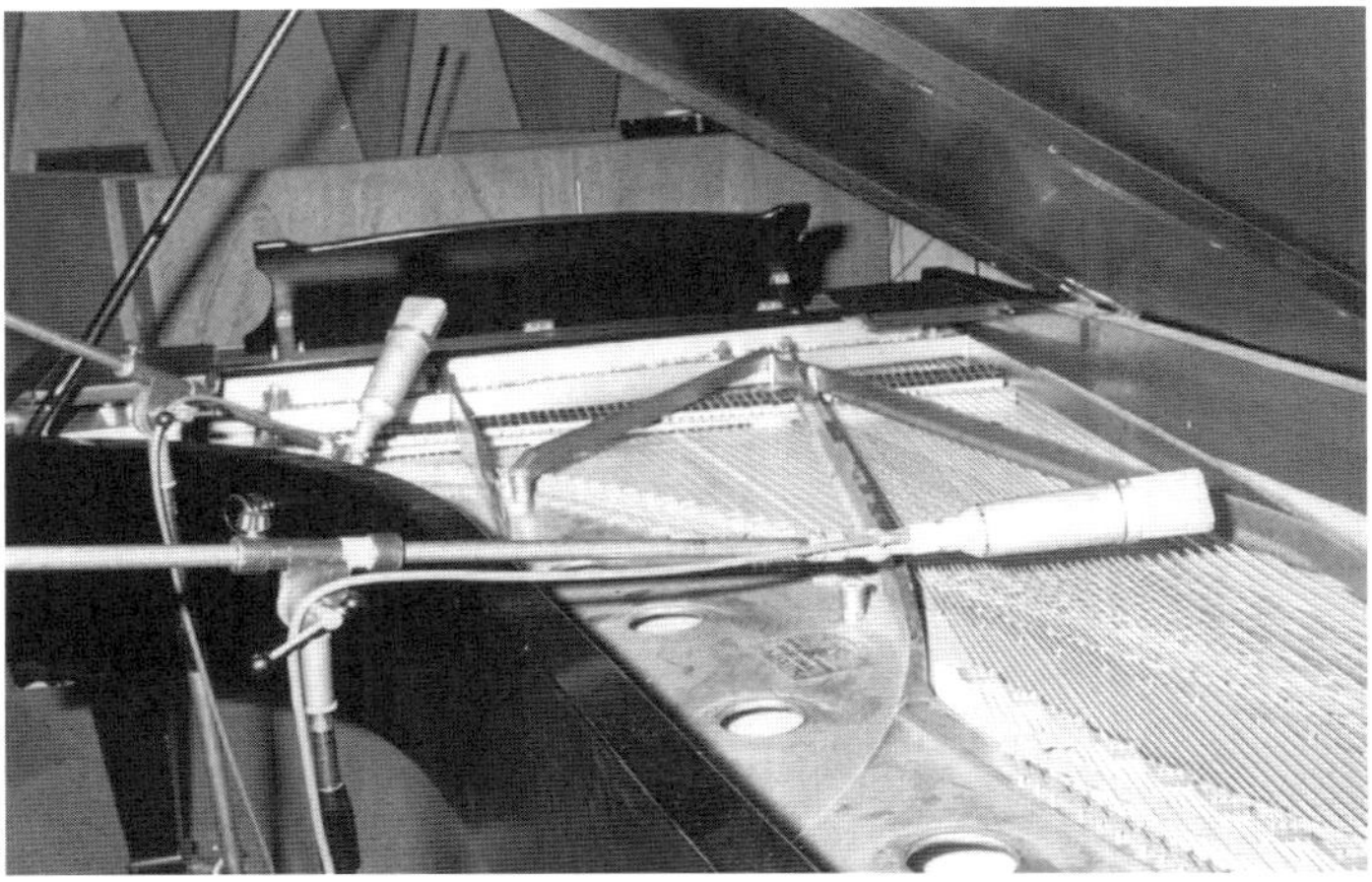

『The Marevrous Piano Sound』の録音で、ピアノに近接設置された２本のマイク

めた空気感を録りたかったので、マイクを2本、ピアノの弦に触れそうなくらい近接してセットしている。

おかげでピアノのカキーンという硬質な音が録れたし、ダイレクト録音ならではの緊張感まで収めることができた。ピアノ調律師の鶴田さんの仕事もさすがで、舘野さんの鳴らしたい音も僕が録りたい音の方向も的確に理解して、ぴしっと音を決めてくれた。

舘野さんはピアノを十全に鳴らし切る演奏家だなと思う。同様に羽田健太郎さんと深町純さんも、ピアノを鳴らし切る達人だろう。

ホセ・リベルテーラとグラン・オルケスタの『これがタンゴだ!!』(78年)は、彼らが民音の演奏会で来日するというので、千載一遇のチャンスと思いアルゼンチン・オデオンに了解を得て録音したもの。

地元のクラブなどで毎日のようにタンゴを演奏している彼らなら一発勝負でも問題ないだろうと思っていたが、録音はかなりの強行軍。札幌公演を行ったあとに最終便で羽田に飛んでもらい、東芝EMIに着いたのは夜の11時半ころだったか。そこから明け方まで、A面・B面でラッカー盤を6枚作った。

安全策として溝の幅を広めにカッティングしていたので、片面に10~15分しか入らない。広めにするのは、マスター盤の溝の波形が複雑な場合などに、メタルマスターからマザーが剥がれないこともあるからだ。さらに保険をかけて、OKテイクを2枚カッティングしなければならない。

ミュージシャンからしてみれば、最大限の集中力を要する作業を、丸2回行うことになる。当然リベルテーラさんたちは「さっきのでOKでもういいじゃない」と呆れているのだが、事情を説明するのも大変だった。

相当疲れていたはずだが、本場のタンゴ・ミュージシャンの演奏力を感じさせてくれた。カッティングルームなどにご案内すると彼らも楽しそうにしてくれた。

『これがタンゴだ!!』の録音の様子。マイキングの状況や東芝スタジオの内装がよくわかる1枚。ドラム頭上のビーチパラソルも健在

カッティングシステムの説明をする筆者と、ホセ・リベルテーラとグラン・オルケスタの面々

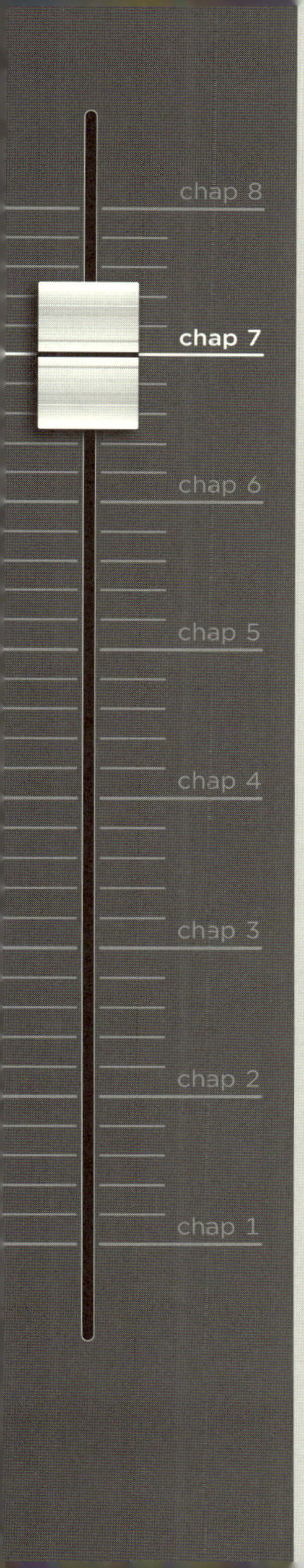

第7章　なんでも録音してやろう

蒸気機関車の音にしびれる

僕は本書で、エンジニアには音の引き出しをたくさん持つことが重要だと、何度も書いてきた。僕が自分の引き出しを増やせたのは、野外録音の場数を踏んだことも大きかったと思う。屋外にはスタジオでの録音にはない難しさがいくつもあるからだ。たとえば録音対象も周囲の環境もコントロールできないから不要な音が入るし、マイクは風に吹かれ放題。機材の不調など突発的なアクシデントも起こる。それも含めて野外録音の醍醐味であり、「音楽」を録ることにはない興奮が「音」を録ることにはある。趣味の延長ではあるのだけど、要はオーディオ的におもしろそうなら何でも録音したいという気持ちに突き動かされていた。

特にライフワークとして追いかけているのが蒸気機関車の音。北は北海道の石北本線から南は九州の久大本線まで、日本全国で録音してきた。

いまでは「鉄道の通過音」を録音したり、オーディオで聴いたりすることは特殊な趣味に思われるかもしれない。しかし70年代に起こった全国的なＳＬブームに合わせて、東芝、テイチク、キング、ビクター、CBS・ソニー、RCA、朝日ソノラマなどがこぞって蒸気機関車の「実況録音盤」をリリースしていた。

東芝でも、全国津々浦々の鉄道の音を録音しては、数多くのLPを発売。通過音だけでなく、機関室に一緒に乗り込んで録った音や機関区長のインタビュー、人々が行き交う駅舎の音なんかも含まれていた。

また、ひと口に蒸気機関車の通過音と言っても、そこには汽笛、蒸気、車輪など周波数帯の異なるさまざまな音が一度に混ざっているし、ダイナミックレンジも広い。走り抜ける機関車は、うまく録れるとステレオ効果を十分に堪能できる。

だから鉄道マニアだけでなく、オーディオマニアにも根強いファンがいて、ハイレベルな録音が必要とされてもいたのだ。

そんなわけで、その「実況録音盤」の企画をこれ幸いと出張を繰り返し、その一部が〈さいはて慕情〉で生かされたことはすでに書いた。

国鉄と信頼関係を築くまでには、本社に出向いて録音のための協力依頼を、コツコツ要請していた。細かなスケジュールを打ち合わせ、取材許可をいただく。現地の鉄道管理局での打ち合わせでは場所、時間、取材クルーの人数等々を申告して、そちらの許可もいただく。録音の前に、こんなやりとりを毎度行っていたのだ。

きちんと信頼してもらえれば、１９７０年代の国鉄はおおらかなところだった。忙しいなか、現場の人たちは僕を温かく迎え入れてくれた。

忘れられないのは、ある年の冬に北海道の旭川と網走を結ぶ、石北本線の常紋信号場で貨物を引く機関車を録音したときのこと。そこは機関車が避難線ですれ違うための信号所で、当時から鉄道ファンの人気が高いポイントだった。山の峠のてっぺんにある、人も住まないような場所。信号のための設備以外は、本当になんにもない。

録音をしていると、信号所の職員さんが「昼飯がないなら、特急を止めている間に車内販売の弁当を買いなよ」なんて言ってくれた。いまだったら考えられないけど、本当に列車が止まってお弁当を買うことができた。

冬の常紋信号場は夜中の音が最高だと聞いていた。しーんと静まり返った（ものすごくＳ／Ｎがいい）山の中に響く汽笛と走行音はぜひとも録りたい。職員さんに相談すると、信号場にある畳敷きの仮眠室を使わせてもらえることになり、よきタイミングで起こしてあげる、とまで言ってくれた。

おまけに信号場の職員さんが「今日は録音しているから汽笛は長く鳴らして」ってふもとの駅に連絡を入れてくれたから、素晴らしい音を録ることができた。実際の音

右腕に「TOSHIBA」の腕章を着け、機関車を待つ筆者。通過音を録るためのマイキングの様子がよくわかる

は『雨の日の常紋信号場』で聴いてみて欲しい。

こうした東芝音工と国鉄との信頼関係が実を結び、僕がメモリアルな仕事に関わる機会もいただいた。

それは国鉄から鉄道100周年記念にレコードを作りたいというオファーだった。1970〜71年のことだ。同時に、京都にある梅小路機関区が、梅小路蒸気機関車館（現在の京都鉄道博物館の前身）に作り変えられて72年に開館するので、そのタイミングにも合わせたいという。だが、これは蒸気機関車の時代が完全に終わることを意味していた。

現役で機関車が走っている地域に行って録音することになったが、提出されたのは殺人的なスケジュール。それでも機関車の有終の美を飾るために、予定をなんとか組み直し、2カ月かけて日本全国を廻って録音を済ませた。なかには網走を走っていたC58の1号機、小樽築港を走っていたC62の2号機など、貴重な車種の録音も含まれている。

その間にも東京でスタジオ録音の仕事も詰め込まれていたので、弟子たちをフル動

『蒸機（かま）』

員して手伝ってもらい、どうにか乗り切ることができた。機関車と音楽とで頭と耳を切り替えるのはなかなか大変なことだった。

それが『蒸機（かま）』という国鉄の記念レコードとして、職員や関係者に配られた。のちに『汽笛よ永遠に―国鉄動態保存機の記録―』というタイトルで、ジャケットを変えて一般にも発売された。

機関車録音のテクニック

数をこなしながら、列車を録音するテクニックも研究してきた。

マイクを1カ所に固定して録音すると、スピーカーで聴いたときに左右の広がりのない、チマチマとした音になってしまう。せっかくなら生で聴く機関車の轟音のように、スピーカーの外側から目の前を抜けてまっすぐに走り去って欲しいもの。そこで編み出したのが、次頁で図解する2本のマイクを使ったマイキングだ。

◉ 機関車通過音のマイキング術

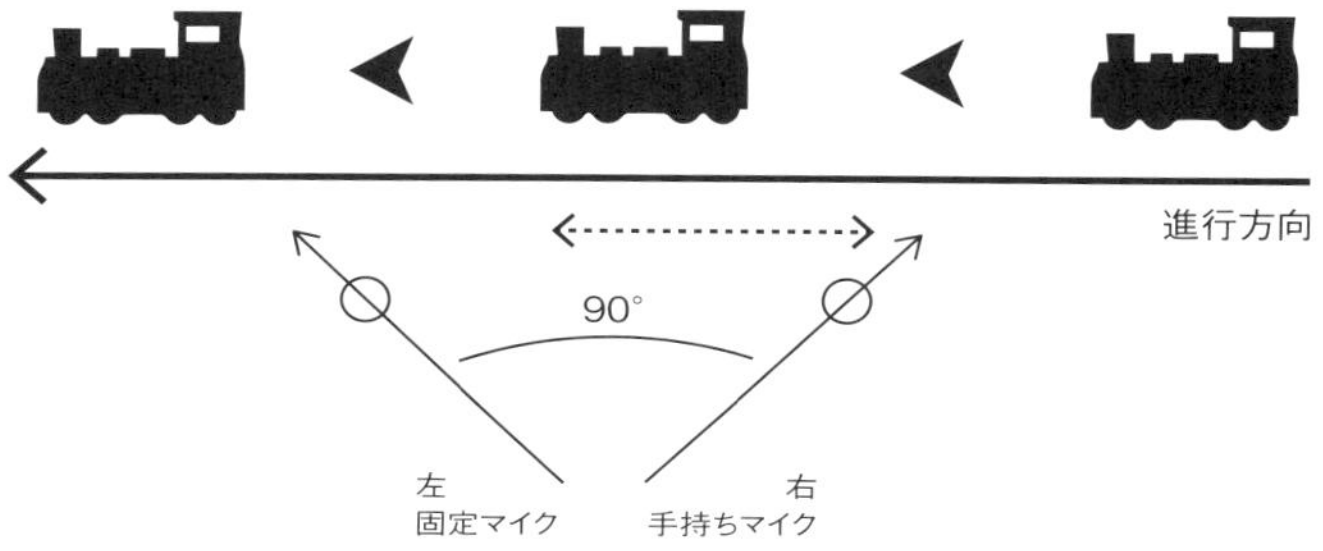

マイクを１本は手持ちで、もう１本はスタンドに立てて、図のように約 50 ～ 60cm 間隔で 90 度になるようにセットする。手持ちマイクは近づいてくる列車の先頭車両を狙っておき、その前を先頭車両が通り抜けたときに、列車の移動に合わせてマイク（腕）を動かす。目の前を通過したら手持ちマイクは元の位置に戻す。固定マイクは、そのまま動かさずに、走り抜ける列車の音を録りっぱなしにしておく。この最中、ヘッドフォンでしっかりモニターすることも忘れてはならない。これが行方流の機関車「実況録音」となる。

この方法によって、近づく機関車の音と車列のスケール感をリアルに録音。遠くから迫り来る機関車音から始まり、目の前を最大音量で通り過ぎ、そして遠ざかっていく音の余韻まで聴くことができる。左右チャンネルのセパレーションがバッチリ決まったステレオイメージが生まれるのだ。

他社の「実況録音盤」ではこの方法で録音していないので、聴いてみるといまいち迫力に欠けると感じてしまう。

さらに、珍しいところだと島根県の松江で「道床搗《つ》き固め音頭（タンピング音頭)」の実演を録音することができた。これは東芝EMIの同僚だった木山昭進さんのお兄さんが、故郷の松江で国鉄に勤めていたので、すべて手配してくださった(というわけで、本書にいくどか登場しているように、木山兄弟にはとてもお世話になった)。

1950年代ごろまで、保線区の職員は重さ6キロ近いつるはしを使って、人力で線路の敷石を均していた。そんな作業を行うなかで自然と労働歌が誕生し、それをみんなで歌いながら線路を直していたそうだ。聞くところによれば、全国でさまざまなバリエーションがあるという。

機械化が進んだ70年代にはすでに歌われていなかったのだけど、そのOB職員たちをわざわざ呼んでくれて、僕のために枕木交換から敷石を均す作業まで全部やってくれたのだ。

そのころの僕の野外録音の相棒は、75年に発売されたドイツのウーヘル社の4200という、5インチのポータブルレコーダー。経費で落とすと自由に使えなくなるので、こいつは自前で買った。17万か18万円だったと思う。蒸気機関車は全部このウーヘルで録音している。

野外録音中にヘッドフォンでテープを確認する筆者。写真左側にウーヘルのテレコが見える

70年代でも人気の駅や線路脇には、カメラを構えたマニア連中がたくさんいた。撮影も録音も絶好のポイントは同じだから、彼らの声をマイクが拾ってしまうこともあった。

彼らはおしなべて録音には興味を持っていないし、自分たちの写真が撮り終われば、片付けをしながらおしゃべりに興じていたのだ。そんなときは、僕が国鉄から依頼されて音を録音しているエンジニアだと説明して、手で合図するまで黙っていて欲しいとお願いしていた。当時のマニアたちは協力的で大抵は嫌な顔をせず静かでいてくれて、同好の士という雰囲気がよかったな。

そのほか、僕の録音で東芝が制作した「レールウェイ・ダイナミックス・シリーズ」の主なレコードを挙げておこう。

『激録!!やまぐち号／山口線・録音ガイド』『蒸気機関車C57室蘭本線を走る～SL最後の旅客列車～』『矢岳峠にいどむD51　日本最大のループ線全景を収録』『汽笛　汽笛　汽笛』『風雪とたたかう栄光のC62　函館本線急行ニセコ』『力闘　加太越え　関西本線のD51』あたりがオススメだ。これらのレコードは、いま聴いてもかなり楽しめると思う。

プロユース・シリーズでも、『蒸気機関車』とその続編『蒸気機関車 Vol.2』、台湾の縦貫線や集集線などを走る日本製機関車の音を録った『蒸汽火車聲音―南国台湾に日本SLを見た!!』の3枚を発売。通常のLPから一皮むけたような生々しいサウンドは、オーディオマニア、生録ファンにも大好評だった。

台湾での録音は、同地の鉄道管理局の王さんという方が仕切ってくださった。彼はコンピューターを使った指定席券購入システムのリサーチのために来日していて、折よく紹介してもらうことができた。好きで続けていると、意外なところでおもしろい録音のチャンスにめぐり合えるものだ。

ただ悔しいことに、僕が録った音源の多くは消去されてしまったようだ。レコードになっているのは大量に録音した音源のごく一部。すでに廃線になっている機関車の音も含まれていたので、貴重な音の記録が失われてしまっている。

「サウンドラマ」のこと

蒸気機関車のところでも書いたけど、こういう野外録音のレコードはオーディオマニアからの人気が高かった。

自然音はダイナミックレンジが広く、さまざまな帯域の周波数がランダムに混じるので再生が難しい。自分のソース機器からスピーカーに至るまで、自分のオーディオの性能でどこまでリアルに再生できるのか、そういう腕試しのソフトになっていた。

音楽演奏を収録したオーディオ・チェック用のレコードは何枚も制作してきたが、デジタル時代でもそういうリファレンス・ソフトが必要とされると考えていた。

『サウンドラマ“ザ・パルス”』

そこで野外録音で自然音などを中心にまとめ、ＣＤ時代にふさわしいチェックディスクとして85年に作ったのが『サウンドラマ〝ザ・パルス〟』だ。

僕はすでに東芝ＥＭＩを退職していたけど発売元は同社で、レーベルはＡＲＩＣ。僕にとっては当時できる野外録音の集大成的なアルバムで、ＣＤの帯に僕の顔のイラストまで載っけて発売された。

オルゴール、清流、滝、山中の鐘、太平洋の海辺、日本海の波、鳥、蝉、ル・マンのレースカー、花火、大砲、戦闘機などの音をたっぷり録り下ろしで収録した。いまも昔も、1枚のなかでここまで広いダイナミックレンジを実現したディスクはお目にかからない。

野外録音のマイクはＡＫＧのＤ２０２、Ｂ＆Ｋの４００３、エレクトロボイスのＲＥ２０、ソニーのＣ３７Ａなど数本を使い分けた。テレコはドイツのメーカーのウーヘル製。デジタルプロセッサーはソニーのＰＣＭ-Ｆ1をメインに、適宜ｄｂＸのモデル７００（これが1ビットＰＣＭプロセッサーの原点）を使っている。

低域側も高域側も余計な処理はしていないので、録りっぱなしとほぼ変わらないダイナミックレンジが堪能できる。アナログのようにレベルに神経質にならずに済むのはデジタル化の恩恵だ。その反面、再生が難しいと評判だった。

この『サウンドラマ』では、一風変わったところでも録音している。いくつか紹介しよう。

安曇野のわさび田にスタンドを立てて録音したことはよい思い出だ。農家の親父さんから胸まで隠せる長靴を借りて水田に入らせてもらい、田んぼに引き込まれた清流の音を録ったのだ。

せせらぎの音は本当にかすかで、録音レベルは驚くほど低い。録音の最中にとんびが鳴いてくれたのでガッツポーズ。野外ではこういった偶然録れる音があるので楽しいのだ。新潟県新潟市の清津狭では、高い位置から谷に流れる川の音を録るつもりで行ったのだが、ひぐらしの鳴き声が川の流れの音と共演している。

オーディオマニアに人気の高い、花火の音も収録している。有名な新潟県長岡市の花火大会で打ち上げられる、3尺5寸玉という日本一大きな花火だ。土手沿いの家の軒先をお借りして録音した。

花火の音をオーディオで聴いて何が楽しいのか……と思われるかもしれない。だが、花火は、打ち上げ直後の小さい音から、炸裂時の大音響、そして花火が開いてバリバリと炸裂する音など、いろいろな音がする。これがリアルに再現されると、結構すごいオーディオ体験ができるのだ。

静岡県沼津市大瀬崎では、明け方に帰港する漁船の音を近くの灯台から録音した。波が穏やかな敦賀湾の海面は、最高の反響板になる。漁船のディーゼルエンジンの音が水面で跳ね返されて生まれるナチュラルエコーを聴くことができ、特に低域の響きには録音していた僕も驚いた。

新潟県十日町市では直径3メートルもある大太鼓の音を録音した。そんな太鼓は見るのも初めてで、実物のあまりの大きさにはびっくり。ここまで大きい太鼓はおいそれと持ちだせないので、倉庫の前の道を封鎖してもらってそこから録音した。

これを最大10名で打ち鳴らすので、ものすごい轟音となった。さすがにこのサイズの太鼓となると、大口径のスピーカーでなければリアルな音を感じられないかもしれない。

青森のねぶた祭のお囃子

「祭りの音」を録ることも、僕の楽しみになった。

祭り録音の一番の醍醐味は、超低音域の太鼓、高音域の鐘、それと性別と年齢がさまざまな人間の声が渾然一体になって生み出される独特のサウンドにある。たとえ、エンジニアとしてその場に行っても、やっぱり血が騒ぐと言うか、僕も祭り全体の雰囲気と一体となって、録音物の熱量も上がっている気がする。

2002年にねぶた祭のお囃子を録音できたのは、青森のオーディオ関連機器メーカーである光城精工の土岐さんと知遇を得たのがきっかけだった。祭りで笛を吹いていて運行団体にも顔が利く彼が、お囃子演奏を録音できるよう手配してくれたのだ。

祭りは例年8月に開催しているが、さすがに本番を録音しても音が飽和するだけで、肝心の演奏は聞こえなくなる。そこで事前の練習日に合わせて録音させてもらえることになった。さらに、ねぷたの演奏も録音したいと言っていた僕のために、弘前と五所川原からねぷたまつりの団体も呼んでくれていた。

録音場所は青森港の埠頭に面した広場。4台の大太鼓をはじめ、本番同様、全楽器がセッティングされて30名前後の人が演奏に参加した。広場に隣接した倉庫でもほかの団体が練習をしていたのだが、事情を話すと申し訳ないことに練習を中断してくださった。

団員の間に4本のマイクを立てて、何種類ものお囃子を、埠頭の広々とした空気感ごと録音できた。有名な「らっせ」の掛け声も入っている。

僕はこうして興味の赴くまま、たとえレコードにならなくても、せっせとさまざまな音にマイクを向けている。もはや習性のようなものだ。多くの人に出会って、ときには助けられながら録音に臨むこともまた、僕の引き出しを増やしてくれたと思う。

2000年代に入っても、こうした野外録音の積み重ねが僕を助けてくれた。ポータブルレコーダーで有名なZOOM社のアドバイザーを務めることになったのだ。ものすごく軽くて小さいH1nやMSマイクとXLマイクを着脱式で換装できるH6などは、とても使い勝手がよく、野外録音の楽しみを広げてくれている。

このテクノロジーが70年代にもあったら、もっと楽に機関車の音が録れたのに……と思ってしまうほど。これらレコーダーを持って、近所をのんびり散歩するのは楽しみのひとつだ。

第8章 フリー・エンジニアとして生きる

東芝EMIを退社する

1979年冬に東芝EMIを退社して、フリーランスの録音エンジニア兼プロデューサーになった。入社から約18年、好き放題やってきた不良社員なりのけじめをつけたのだ。

当初は向上心から始めたアルバイトだったけど、すでに月給をしのぐ金額をもらえるくらいの仕事量だったし、東芝EMIの看板を背負ったままでいるのが申し訳なくなっていた。僕の素行に目をつぶっていてくれた会社には、本当に感謝しかない。

もちろんエンジニアとライターの仕事で、十分に食べていけるだろうという読みはあった。録音スタジオはたくさんあったし、エンジニアは体ひとつあれば仕事になったからだ。

仕事の依頼があるとたいてい「どこで録りたい？」と聞かれるので、ほぼ僕の要求が通っていた。すでに本書に登場しているモウリ、東京スタジオ・センター、サウンドイン、麻布のサウンドシティなどを使うことが多かった。

それで、六本木にあったテープサウンド編集部内（ステレオサウンドの本社とは別の雑居ビルに入っていた）で机をひとつもらって、そこを事務所代わりにフリーランス生活をスタートさせた。アルバイト時代の仕事をそのまま引き続きやっているだけだったので、実際のところは生活に大きな変化はなかったとも言える。

79年以降の仕事については、これまで折に触れて書いてきているけど、作曲家や編曲家の先生たちからお声を掛けてもらえていたし、仲間たちとの横のつながりにも助けてもらった。

フリーになったからにはなんでもやろうと、東芝時代以上に雑多な、いろんな仕事に取り組んでいた時期でもあった。

その「いろんな仕事」のひとつで、特急はやぶさが引っ張るブルートレインを追いかけて録音したこともあった。

これは当時の子供たちに大人気だった、小学館「コロタン文庫」シリーズの一冊「ブルートレイン全百科」（81年）の、読者プレゼント用カセットテープに収録された。僕は同社のオーディオ雑誌「ＦＭレコパル」でも原稿を書いていたので話が来たのだろう。

1980年代前半の東芝スタジオの1スタ。竣工時からは改装されていて、筆者が東芝EMIを離れたときの様子に近い

API に替えて、筆者選定の SSL 製コンソールを導入した 1 スタのコントロールルーム

これが結構ムチャクチャで、東京から西鹿児島へ向かうブルートレインの走行音や車内アナウンスなど、関連する音をできる限り収めたいという依頼だった。

ブルートレインには僕の弟子の小林悟君と、鉄道ファンにはロンちゃんの愛称で親しまれたＴＢＳアナウンサーの吉村光夫さんがナレーター役で乗り込み、音を録りまくった。だから彼らは30時間以上、車内に缶詰だ。

僕はといえば、東京駅でふたりが乗る列車の発車音を録音すると、小学館のスタッフをお供に新幹線へ乗車。そして、同じ列車ではないけど、その日ブルートレインが停車ないし通過する駅に先回りして、できるだけたくさんの音を録りながら移動した。あの日はいったい何回新幹線に乗ったことか。

岐阜羽島駅ではいったん下車してタクシーに乗り換え、関ヶ原トンネルに入るブルートレインの音まで録っている。タクシーの運転手さんが録音にくっついてきたのはおかしかったな。

夕方、新幹線で小郡駅（いまの新山口駅）へ向かって、小林君たちのブルートレインを出迎えて録音。車内で録音中のふたりを笑顔で見送ると湯河原までとんぼ返り、温泉宿で一泊したのだ。

まだ若かったとはいえ、こんな強行軍は最初で最後だ。小林君とはのちのちまでこの話で盛り上がることができた。当時の子供たちが喜んでくれたならいいが。

アラン・サイズとの出会い

70〜80年代はいまから想像ができないくらいジャズの人気が高くて、外国の一流ジャズマンを招いたフェスティヴァルが年間を通じて各地で行われていた。

東芝でもオーレックス・ブランドを持っているし、ジャズファン、オーディオファンを当て込んだ催し物がしたかったのだろう。そんな流れで「オーレックス・ジャズ・フェスティヴァル」を開催することになった。

第1回は1980年9月に行われ、ディジー・ガレスピーやシェリー・マンといったベテランから、ブレッカー・ブラザーズのような先端的なフュージョン勢まで出演していた。

だが目玉は、なんと言ってもベニー・グッドマンだろう。バンドはピアノにテディ・ウィルソンらを擁していたし、グッドマンは当時としても伝説的なジャズマンなわけで、本当に注目度が高かった。

フェスティヴァルは東京の日本武道館を皮切りに、大阪、横浜の3会場で行われた。すべての公演でメインの録音エンジニアを務めたのは、アメリカのオーシャンウェイ・スタジオのオーナーとして知られたアラン・サイズさんで、日本側の音響、録音面のサポート担当が僕だった。

レコード化やテレビ放送を前提にすべての演奏は録音されていて、ベニー・グッドマンのバンドも3会場で録音されることになっていた。ところが、演奏直前になってマネージャーが、グッドマンがアランさんとは録音の契約をしていないので彼に働いてもらっては困ると言ってきた。

いまさら一番人気のグッドマンの録音だけなしになっては、スポンサーはもちろんテレビ放送を見ている人たちも納得しないだろう。そこで主催側のエンジニアならいいだろうということで、僕が代打に入った。

とはいえ、すでにアランさんが完璧なミックスで音を作っているし、コンソールを大幅にいじれるわけではない。だから録音セクションのフェーダーを動かさずに、録音はモニターセクションを使ってミックスした。

グッドマンはすでに70歳を超えていたはずだけど、演奏は本当にすごくて僕もコンソールの前でうっかり聴き惚れてしまうほど。会場は大いに盛り上がっていた。もちろんぬかりなくマルチテープも回していたのだけど、ひとまずはカセットテープでしか録音していない、という体でグッドマン側に音源を渡しておいた。そうしたら翌日、グッドマンのマネージャーが「この音源のことは誰と話をすればいいんだ」と言ってきた。彼らの想像以上によく録れていたので驚いたのだろう。そして大阪、横浜の演奏も僕が録音することで了解を得た。

これらのライヴの様子は『オーレックス・ジャズ・フェスティヴァル'80ライヴ』のシリーズとして、プログラムに沿って4枚にまとめられている。

僕が録音したグッドマンの演奏は「キング・オブ・スイング」というサブタイトルが付いて無事に発売。ただし、ミックスダウンは東芝のエンジニアが担当していることを書き添えておこう。

残念ながらこれが最後の来日となったものの、グッドマンさんの熱演、ライヴ構成の妙から、いまだにファンの間で聴き継がれているようだ。

先の録音で、アラン・サイズさんは僕がコンソールの前で作業する様子をじっと見ていた。突然の事態で気まずいのかなと思っていたら、そうではなくて、エンジニア

アポなし訪問の際、アラン・サイズ氏と

として僕の仕事をずーっと観察していたのだ。

するとアランさんが「友達になりたい」と言ってくれた。僕と彼との間で、エンジニアとして共通する何かがあると思ってくれたようだった。僕は英語を話すのは苦手だけど、大好きな録音のことやオーディオのことを話すのであれば、十分に心を通わせることができる。

90年ころにロサンゼルスへ行ったときには、彼が買い取ったばかりのレコード1スタジオをアポなしで訪問。偶然にもマイケル・ジャクソンがレコーディング（おそらく『デンジャラス』の録音）していて、1年間もスタジオを押さえていると教えてくれた。マイケル本人は不在だったから部屋の様子をちらっとのぞかせてもらうと、マイキングもそのままで、さすがに撮影厳禁と釘を刺されたな。

それからもアランさんとは家族ぐるみの付き合いをさせてもらった。2000年代に入って、彼が民生用スピーカー設計してオーシャンウェイのブランドで売り出すつもりと聞いていた。

2009年11月、有楽町で例年行われているオーディオショウで講演をしていると、そのブースにアランさんが突然現れて驚いた。日本での取り扱いが決まったので、プロモーションのために来日中だったのだ。久しぶりに旧交を暖めることができた。

80年代オーディオフェア用のLP

80年代には全日本オーディオフェアの開催に合わせて、会場などで販売する特別なレコードを制作していた。毎回なにかしら作っていたので、それだけフェアが盛況だったということだろう。

そうしたアルバムのうちの数枚で、僕は録音と監修を務めている。『アンリミテッド』(80年)、『I've Heard That Song 30 Years Before』(81年)、『デジタル・イクスプロージョン'83』(83年)、『デジタルシンセサイザー・ファンタジー』(84年) などがそうだ。

『I've Heard That Song 30 Years Before』

どれも45回転再生で、グルーヴガードなし重量盤のオーディオファイル仕様。単なる音質チェックディスクではない、すごい内容だった。

なかでも81年の『I've Heard That Song 30 Years Before』は、オーディオフェア30周年記念ということで、気合いの入り方が尋常ではなかった。なにせアメリカのキャピトル・スタジオでの録音を敢行したのだから。

どうせダメ元だからと思って、こちらが起用したいミュージシャンのリクエストをテレックスでロサンゼルスのエージェントに送って、彼らとの交渉をお願いしていた。フタを開けてみたら名うてのメンバーが集まることになって、僕らも驚いた。ランディ・ブレッカー（tp）、トム・サヴィアーノ（sax）、ローランド・バティスタ（g）、バイロン・ミラー（b）、ピーター・アースキン（ds）、ボビー・ライル（key）、パウリーニョ・ダ・コスタ（per）などなど。当時のジャズ界を代表する豪華なミュージシャンでレコードが作れるんだから、興奮しないわけがない。

日本からは、僕たち制作スタッフのほかにヴォーカルのマリリンさん（のちのマリーン）と、編曲の井上鑑さんがＬＡに乗り込んだ。井上さんは〈ルビーの指環〉の大ヒット真っ只中で多忙だったのだけど、昔のよしみもあって付き合ってくれることに。

そのため、井上さんは大変な思いをした。彼はレコーディング前日の午後にＬＡに到着すると、すぐさまホテルで缶詰になって2曲のアレンジを仕上げ、翌朝10時からキャピトル・スタジオでレコーディング。その日は一日スタジオで作業して、あくる日に彼ひとりだけ帰国、という強行軍だったのだ。

その甲斐あってと言うべきか、内容は素晴らしい出来だった。アルバムはオーディオフェアの会場で飛ぶように売れて、あっという間に完売してしまった。

このシリーズのほかの盤も、録音はもちろん内容もかなり凝っていた。『アンリミテッド』は改名直後のダウン・タウン・ファイティング・ブギウギ・バンドのオリジナルアルバムだし、『デジタルシンセサイザー・ファンタジー』A面はデジタル・リマスタリングした冨田勲さんの楽曲、B面はバイノーラル録音した自然音を収めた。

なお、これらはPCMレコーダーを使用したデジタル・マスタリング制作によるアナログ盤だ。

デジタル時代の本格到来

1982年にCDが発売された。数年はレコードとの併売期間があったけど、僕もCDを前提とした録音やマスタリングを頼まれるようになる。

アナログレコードからCDになったときの、マスタリングのこともよく覚えている。なにせ最初はソニーから技術の人がスタジオにまでやって来て、エンジニアのうしろで厳しく（?）目を光らせていたからだ。

VUメーターを見てちょっとでも赤ランプがつくと「オーバーしていますからレベルを下げてください」と事もなげに言う。クリップノイズになる恐れがあるから規定以上のレベルは突っ込むな、というのが彼らの理屈だった。

だからCDへ移行した最初のころは、エンジニアはみんな自分の耳よりも、メーターばかり気にして録音していたと思う。こういう事情があったから、80年代のCDは音量レベルがどれも低い。通常のアナログの0dBに対して15dB以下のピークで録音するから、薄味のすごく寂しい音になっていた。

僕としてはそれに納得できなくて、マスタリングを行うなかで試行錯誤していった。ところが、2000年前後から今度は逆に音量レベルが高すぎなうえ、さらにコンプ、リミッターでダイナミックレンジをつぶしたCDばかりになっていく——。

渋谷森久さんとの思い出

東芝EMIの名物プロデューサーだった渋谷森久さんは、退職後、劇団四季の音楽監督を務めるなど多方面で活躍していた。

東芝時代は加山雄三さん、越路吹雪さん、クレイジー・キャッツなんかを担当していて、バイト仕事もガンガンやっていた東芝の元祖不良社員だ。そんな人だったから僕とも気軽に付き合ってくれて、越路さんの録音でも2枚ほどご一緒していた。

渋谷さんから久しぶりに連絡をもらったのは、ちょっと変わった依頼のためだった。劇団四季の浅利慶太さんが選挙に出る予定なので、僕のツテでＪＢＬのＰＡスピーカーを用意できないかと言うのだ。

選挙カーにＪＢＬを載せればマイクでしゃべる浅利さんの声がきれいに伝わって、言葉に説得力が増すはずだという。レコード会社出身の渋谷さんらしい発想で可笑《おか》しかった。

結局、いろいろあって、浅利さんは出馬しないことになったので、手配していたＪＢＬのスピーカーも返却した。でもそれが縁で、再び渋谷さんと連絡を取り合うようになる。


そのあと、渋谷さんはオリエンタルランドに請われて、開業間もない東京ディズニーランドのミュージック・ディレクターに就任する。それでディズニーランドのシンデレラ城の前で開催するイベントの音楽監督の仕事を回してくれた。

ところが始じまってみると、これが「監督」とはほど遠い仕事。オリエンタルランドが手配したエンジニアもいるのでＰＡ卓もさわれず、エンジニアらしいことも、監督らしいこともできない。しかたなく、現場からインカムで「もうちょっとブラスを上げて」なんて、無線で指示するくらいにとどまった。

1週間くらいしかやらなかったけど、ディズニーランドの細かな規則には閉口した。ヒゲを剃るか、スーツを着るかどちらかにしろと言われ、渋々着慣れないスーツで働いた。初日、裏口から帰らなければならないところを表門から出たら、翌日「入退場者の数が合わなかったのはあなたのせいか」と怒られた。

渋谷さんは1997年に亡くなった。業界の有名人だった彼のお葬式は杉並の堀ノ内にあるお寺で大規模に執り行われた。

ミュージシャンや音楽関係者など参列者の多さに、彼の人柄を感じた。お寺の許可をもらって、葬儀の終了後には、横内章次さんやコルゲンさんたちによる演奏が始まった。お寺の住職さんまで喜んで聴いていたのを思い出す。

台湾と中国での録音

1983年、僕の独立を知った翁清渓さんが台湾に呼んでくれた。欧陽菲菲さんの録音後も台湾へは行っていたけど、フリーランスになっても声をかけてくれることがありがたかった。

その仕事は、歌手の余天（ユーティィン）。日本の曲をカバーしたその名もずばり『日本曲』の録音。〈長崎の女〉〈与作〉〈柳ヶ瀬ブルース〉〈おふくろさん〉などの日本のヒット曲を翁さんが編曲、余天がこぶしたっぷりに朗々と歌い上げた作品だ。

菲菲さんのときから、台湾のレコーディングスタジオはすっかり様変わりしていた。日本と変わらない環境で仕事をすることができたし、台湾ミュージシャンも上手になっていた。

僕は数曲だけ録音して、あとは台湾のエンジニアにバトンタッチ。日本に帰ってからマスタリングを施して仕上げている。なかでも〈与作〉はシングルにもなって、台湾でヒットしたようだ。

翁さんとの交流から台湾にも若い弟子ができたことは前に書いた。そのひとり、林哲民君は東京から台北に戻ったあと、北京のスタジオで仕事していて、ずっと連絡を取り合っていた。

その縁で中国で録音する機会を得られたのは2002年ころ。歌手の巫啓賢（エリック・モー）さんのアルバムを録音することになった。

録音の3日前に北京に到着。哲民君が空港まで迎えに来て、ホテルまで車で連れて行ってくれた。北京らしく道が混んでいたのだけど、運転手がおもむろに赤いサイレンを取り出してひょいと取り付けると、緊急車両に早変わり。渋滞を横目に飛ばしていく。

「違法じゃないの？」と聞いたら、「顔が効くから大丈夫」と言う。翌日に万里の頂上にも案内してくれたが、そこに行くのも全部サイレンを鳴らしたままじゃないか。仰天してしまった。

録音したＹＴスタジオは、外に衛兵が立つ北京市内の公園のなかにあった。公園の入り口でスタジオと自分の名前を告げると、翌日からは敬礼で迎えてくれたけど、こんな場所にあるスタジオは、日本にだって欧米にだってないだろう。

現地には北京交響楽団というオーケストラはいるし、西洋音楽でもクラシック系の演奏者は多い。ところが2000年代に入ってもポップスをうまくやれるドラム、ベース、シンセサイザーなどの演奏者が育っていなかった。それでリズム隊だけは台湾から呼んでいた。僕は北京語がしゃべれないので、主役の巫啓賢さんとは通訳を介して話していたけど、録音はスムーズにいった。

いちばん驚いたのは、立ち寄った北京のレコード店で、正規盤と海賊盤が普通に並んでいるのを見たときだ。

中身はもちろん、ジャケットもコピーして同じものが売られていて、海賊盤は正規盤の5分の1くらいの値段。それでもレコード会社からお咎めはない様子。

哲民君に訊くと、中国ではCDはあくまで宣伝ツールであり、たとえ海賊盤でも中国全土にCDが行き渡れば、地方公演の際にお客さんが入る。いわば宣伝を海賊盤業者がやってくれているわけで、むしろ歓迎しているかのような口ぶりだった。

肝心のレコーディングはうまくいって問題なしで、むしろ滞在中は「中国流」に面食らってばかりいた記憶が強く残っている。

哲民君とはずっと連絡を取り合っていて、彼が北京で手掛けている「羽泉（ユーチュアン）」という人気歌手ユニットのマスタリングを、僕が担当している。

1990年代と新たな挑戦

テープサウンド誌は後続の雑誌に統合して編集部もなくなり、83年ころから自分の事務所を構えて仕事をするようになっていた。仕事は順調そのもの。

80年代後半にバブル景気が到来したのはご存知の通り。ずっと右肩上がりで来ていたポピュラー音楽業界は、さらなる好景気に沸いていて仕事はいくらでもあったのだ。

東芝はといえば、1987年に品川区の天王洲に建てた「スタジオTERRA」をオープンさせている。これは赤坂のスタジオがある場所に永田町ビルが建てられたためで、EMI本社ビルに新設された3スタを除き、録音スタジオは天王洲が本拠地となる。

こうして慣れ親しんだ1スタと2スタ（90年に本社ビルに「2スタ」ができるのだが）は姿を消し、急速に時代が変わっていくことを感じていた。

フリーランスで10年ほど働いた89年ころだったと思うのだけど、知り合いから「CMを手がける映像制作会社を作るので立ち上げから手伝って欲しい」と声が掛かる。

スタジオ・サンモールの編集室。正面のラージモニターが特注のレイオーディオ、SSLの上にはスモールモニターとしてマンレイとオーラトーンが設置されている

僕は40代後半になっていたのでもうひと花咲かせたい気持ちがあったし、映像の仕事はうまくいきそうな目算もあった。

それがビデオ・サンモールという会社で、僕は副社長兼音響エンジニアとして参加。映像のほうは、パートナーである社長（話を持って来てくれた知り合いとは別）が切り盛りしていた。地下にはシアター・サンモールという劇場が作られた。

映像撮影スタジオに加えて音楽編集スタジオを設けて、最新のSSLコンソールを導入。このあとにも、好景気の影響で思い切った設備投資をしたのだけど、それがアダになるとは思ってもみなかったが……。

サンモールのスタジオでは、たとえば1990年に劇団☆新感線のミュージカル音楽の編集とマスタリングを行った。いまも続く大人気作と聞く『髑髏城の七人』で、当時は聖飢魔IIのプロデューサーだった（ナスティ）平野さんが紹介してくれた仕事だった。

「ハードロックっぽい、かっこいい曲だな」とは思っていたのだけど、どんな劇団なのかも知らずにマスタリングを済ませた。それを役者さんの演技と合わせて観せてもらうと、音楽がまったく別物に化けたかのようだった。

サントラは現代的で硬質なサウンドに仕上がって、心地よい音、恐ろしい音、寂しげなピアニシモの音など、幅広いダイナミックスを収めていた。それがぴったりのタイミングで劇中に鳴らされると、この世のものとは思えないくらいのパワーが音に宿った気がした。

何を隠そう、僕はミュージカルでもオペラでも居眠りせずに観たことがないような人間だ。ところが、オープニングからビックリして、最後まで舞台に引き込まれていた。その後も何作品か劇団☆新感線の音楽をマスタリングしている。

石川さゆりさんとの録音

ビデオ・サンモールの編集室をメインの仕事場にしつつ、録音エンジニアとして外のスタジオでも録音を請け負っていた。初めて石川さゆりさんと仕事をしたのもこのころだ。

さゆりさんの担当エンジニアといえば、ずっとヌマ（内沼映二さん）。彼もビクター時代から、ペンネームを使ったアルバイトでさゆりさんを録音していた。

さゆりさんの録音ができるチャンスが偶然巡ってきたのは１９９１年。テイチクがリリースした『二十世紀の名曲たち 第一集』の録音でヌマのスケジュールが一部合わなくなり、ラッキーなことに僕がトラのお話をいただいた。〈鈴懸の径〉や〈憧れのハワイ航路〉ほか4曲を担当し、僕は例によって「上村英二」のペンネームを使っている。

録音はサウンドシティの1スタ。編曲の前田憲男先生とも久々にご一緒させていただいた。

『二十世紀の名曲たち 第一集』

〈憧れのハワイ航路〉には、僕が録音した波の音をSEで入れている。以前、北海道の留萌《るもい》本線の録音に行ったときに、蒸気機関車を待つあいだ、その近くの力昼《りきびる》海岸で録音しておいたものだ。ハワイの波の音だけど、実は北国の波の音だったわけだ。

大きな挫折を味わう

サンモールで映像のほうを担当していた社長というのが、残念ながら仕事をきっちりする男ではなかった。紆余曲折あって彼は会社を離れ、僕が社長業を引き継ぐことになる。

慣れない仕事に四苦八苦しながらも、なんとか安定した経営を続けられていた。しかし、最新鋭の機材導入がつまずきの原因となってしまった。

SSLの関連会社で、映像機材を作っているクォンテルというメーカーがある。イギリス出張の際に同社に立ち寄ったのだけど、そこで当時としては先進的な技術だった、ハードディスクを搭載したデジタルの映像編集マシンを見せられた。

これがあれば同業他社を突き放せると考えて、帰国後に思い切って導入してしまったのだ。1億円以上する機材だったけど、銀行からの融資もあったし、返せるだけの仕事もあるはずだった。技術研修も行って、クォンテルを使いこなせる若手エンジニアを育てもした。

ところが購入から数年経たず、クォンテルと同等のスペックのマシンが大幅に安い値段で市場に出回るようになる。これがデジタル製品の怖いところでもあった。

そのため競合の映像制作会社でも僕のところと同じことができるようになってしまい、ビデオ・サンモールの優位性はあっという間になくなっていた。バブル崩壊のあおりも受けて、仕事は次第に減っていった。

結局その負債を返し切れなくなって99年ころに会社は倒産、僕も自己破産とあいなった。小さな会社とはいえ数名の社員を抱えていたので、彼らにはいまだ申し訳なく思っている。そのなかから、いまでもエンジニアとして活躍する元スタッフがいることは唯一の救いだろう。

僕は失意のなか、フリーランスの録音エンジニアに戻るほかなかった。そのときに声を掛けてくれたのは、70年代から一緒に働いていた弟子のひとり、下川晴彦君だった。三軒茶屋にあった彼のスタジオから、もう一度仕事を始めることにした。

「ExMF SERIES」のマスタリング

再起後の大きな仕事は、東芝ＥＭＩの「スーパー・リマスタリング・シリーズExMF SERIES」だった。

同社がマスターテープを持っている、オフコース、チューリップ、アリス、甲斐バンドなどのアルバム全64タイトルをリマスタリング。２００1年から順に発売していったのだ。

このころＣＤの音は、録音と再生の技術向上によってどんどんよくなっていた。そのため90年代末から世界的に、名盤のリマスター再発ブームが続いて、旧譜がフレッシュな音でどんどん蘇っていた時期でもあった。

シリーズの基本的なコンセプトは、当時の音を今の技術で再現したらどうだろう、ということだ。だから、僕は「プロユース・シリーズのデジタル版」と言えるＣＤにしてやろうと意気込んでいた。

多くの場合（リ）マスタリングでは、コンポ、ラジカセ、イヤフォンとヘッドフォン、カーステレオなど、どんな環境で再生してもその音楽がカッコよく聴こえるように音を作る。その過程では、コンポではよく聞こえても、ラジカセではイマイチ、ということが往々にして起こるものだ。

するとマスタリング・エンジニアが、小さな音は上げて大きな音は下げて、どの帯域でも同じような音量で聴き取れるようにしてしまう。それが行き過ぎると、高域も低域もレベルいっぱいまでギチギチに詰め込まれたCDが増えてしまう。

だが「ExMF SERIES」では、それを一切しなかった。

録音もそうだけど、リマスタリングでも大切なのは音楽の持つダイナミズムを殺さないこと。だから僕の哲学をひと言で表せば「小さい音は小さく、大きい音は大きく」ということになる。

その哲学を守り、ピアニッシモからフォルテッシモにいたるダイナミックレンジが十全であることを重視して、かつ聴き応えのある音圧感も得られるように腐心した。

本来僕はオーディオマニアなのでロックや歌謡曲を「こういう音で聴きたい」というのがある。同じように思っているオーディオマニアやCDの音に落胆していた人たちを満足させたかったのだ。

結果は大成功で、リマスターCDは多くのファンに買ってもらえたし、音質にも喜んでもらえた。熱心なオフコースのファンの方からは手紙までいただいた。

なんでも「初期にCD化されたオフコースの作品を買ったものの音がしょぼくて、やっぱりアナログレコードの方が音がいいんだ、と思い込んでいた」という。だが「『ExMF SERIES』が話題になっていたので、試しに1枚買ってみたら音が全然違う。CDでこんなにイキイキした音が聴けるとは思ってもみなかったので、オフコースのリマスター盤は全部買い直した」そうだ。この手紙は、まだ心の傷が癒えきらなかった僕にとって本当に励みになった。

そして、コンピューターを用いたスタジオの進化を目の当たりにできたのも大きな収穫だった。下川君は初期のプロトゥールスを駆使して、僕のマスタリングをアシストしてくれたからだ。「ExMF SERIES」を機会に、リマスタリングの必要性を痛感し、マスタリングを本業として考えるようになる。

鶴田親子のデュエット

97年代終わりから2001年にかけて、旧友である多田百佑さん、横内章次さん、アンリ菅野さん、コルゲンさんが亡くなっている。彼らの立て続けの訃報に接して、一時の僕は虚脱状態になっていた。

そんな状況から立ち直った2002年、風変わりな録音を経験できた。鶴田浩二さんが1956年に発売した〈好きだった〉を、娘のさやかさんとのデュエットで録り直したのだ。

そもそもは、ナタリー・コールが亡きナット・キング・コールと仮想デュエットし、1994年にヒットした〈アンフォゲッタブル〉と同じようなことができないか、というアイデアだったそうだ。

ナタリー・コールのデュエットがなぜうまくいったかというと、50年代のキャピトルがモノーラル時代でも3トラック・マスターで録音していたため。音の被りのない、無傷のヴォーカルトラックが残されていたのだ。

そのため、新録したカラオケが入ったマルチマスターにナットのオリジナルのヴォーカルトラックをコピーするだけでデュエットは完成、録音技術面では何ら難しいことではない。カラオケと歌のテンポをぴったり合わせることが条件なだけだ。

ところが鶴田版の録音を難しくしていたのは、マスターテープのヴォーカルトラックにオケの音が混じっていることだった。いま現在であれば、デジタル処理で声だけを抽出することもできるだろうが、その時点では難しい作業だった。

となると、プロフェッショナルの力に頼るほかない。

アレンジャーさんに50年代のオリジナルとまったく同じアレンジで譜面を起こしてもらい、まったく同じタイミング、テンポでそれを演奏してもらったのだ。演奏のズレが許されない状況にスタジオミュージシャンのみなさんは必死で、同じフレージング、テンポで演奏するのは本当に大変だったと思う。

そのおかげで、鶴田浩二さんのヴォーカルと（混じっていたオケの音と）もピタリとはまって、デュエット企画は成功したのだった。

まさに完コピ演奏だが、最新のサウンドに生まれ変わって、浩二さんの歌もフレッシュに響いている。

僕の考えるリマスタリング

下川君のところに置かせてもらっていた機材を引き上げて、自分の仕事場を構えたのは2010年ころ。劇団☆新感線の仕事をご一緒した平野さんのお誘いでスタジオ「Funkaholic Sounz Labs」をシェアして、日暮里に拠点を移すことができた。

このスタジオにモニタースピーカーやマイク、アウトボードなど、僕の手持ち機材を導入していたので録音のお手伝いもするけど、マスタリングをメインの仕事に据えた。

そこでスタジオには、スタインバーグ社のマスタリング用ソフトであるウェーブラボを導入。音もよいし、使い勝手も悪くなかった。

還暦を過ぎての手習いだから、最初はコンピューター作業はなんて面倒くさいものかと思った。だがスタインバーグの代理店に電話で相談したり、若い人に教えてもらったりしながら、なんとかコンピューターの使い方をマスターできた。

一度覚えてしまうと、僕にも有利な点があることもわかった。コンプレッサーやイコライザーなどをパソコン上で起動する「プラグイン・ソフト」の類いは、昔の名機と言われるアウトボード機材をシミュレートしている製品がいくつもある。

基本的な操作方法は現物を真似ているし、僕は実機を触ってきたので使いこなしの勘所は体が覚えている。いまだにコンピューターの使い手としてはイマイチかもしれないけど、経験という引き出しが多い分だけ、コンピューターが得意な若いエンジニアにも負けていないと思う。

旧譜を担当する場合、どのようなコンセプトでそれを生き返らせたいかがリマスタリングの肝となる。

やろうと思えば、音源をピカピカの現代ふうの音に磨き上げることも可能だ。だが音を変えすぎると、昔の音を聴いていた人にはまったく別ものに聴こえるかもしれない。だからリマスタリングには「節度」が大事なのだ。それはリスナーに加えて、オリジナル版のエンジニアへの敬意も含まれるだろう。

ＣＤの音が悪い、と決めつけている人は少なくない。方式が古いからサンプリング・レートやビット数が低い、音がデジタル臭くて云々……。エンジニアとしてはそんなことを言っていても始まらないし、決まった入れ物のなかで最善を尽くすのみ。エンジニアの腕次第でＣＤの音はよくなるのだ。

リマスタリングの難しさ

リマスタリングでは、それがどのフォーマットのために行っているか考えることも重要だ。CDか、アナログか、デジタルデータか。メディアの特性を踏まえて、音を最適化させたリマスタリングを施すのがプロの仕事と言える。

そういう意味でも、2014年に発売になった『ON the ROAD』のリマスタリング作業は実に意義深いものだった。ブルース、ジャズ、ソウルのジャンルごとに音源はUSBメモリーに収められ、各100曲以上、合計414もの楽曲を収録したシリーズだ。

これが大変な作業だった。そもそもの数が膨大で、まるでわんこそば状態。やってもやっても終わらなくて、作業に6カ月以上かかっている。

だがもっとも頭を悩ませたのは、リマスタリングにおける統一感をどう持たせるかだった。

たとえばジャズなら、50年代のサヴォイから2000年代のヴィーナス・レコードまで、時代も国も異なる複数のレーベルの作品がひとつのUSBメモリーに入っている。これは曲ごとに録音とマスタリングの状況がまったく違うことを意味しているので、通して聴いたときに違和感があってはならないのだ。

加えて、旧譜のリマスタリング工程でアナログテープ再生時のアジマス調整が忘れられがちなことも、ここで声を大にして伝えたい。前にも触れたが、アジマスとはテープレコーダーの再生ヘッドとテープリボンが接触する角度のこと。この調整が不十分だと再生時に位相の乱れが起きてしまう。

テープからデジタイズされた音源を聴いてみると、CDとして流通しているものでも、アジマス調整が不十分なままのデータが少なくない。コンピューターに取り込んで波形を確認すれば一目瞭然で、これはデジタイズしたあとでも容易に修正が可能だ。

その調整のためにも、僕はウェーブラボ社の専用ソフトが手放せない。わざわざそのために、ウィンドウズの旧式ＯＳを起動できるように準備もしてある。

『ON the ROAD』

佐野元春さんからの電話

２０１４年のあるとき、僕の携帯電話が鳴った。出てみると「佐野です」との声が。それまで面識は一度もない、佐野元春さんからの電話だった。

わざわざ僕の番号を調べてまでご本人が連絡をくださったのは「一発録り」でアルバムを作りたい、という熱意があってのことだった。

佐野さんのリクエストは単なるバンド録音ではない。大きなスタジオにストリングスとバンドを詰め込んで、同じ空気のなかで、せーので録りたいのだという。

いまや大部屋で一からマイキングをして音をまとめられるエンジニアは、国内では数えるほどになっている。僕もそのうちのひとりで、絶滅危惧種みたいなものだろう。とにかく僕の「引き出し」が突然認められて、ご指名いただけたわけだ。

それが佐野さんと雪村いづみさんによる『トーキョー・シック』だ。

エンジニアもそうだけど、ビッグバンドを同録できる規模のスタジオが早稲田のアバコ・スタジオくらいしか残っていなかった。この本でも何度か書いたように、僕は部屋の音を熟知している。

アレンジは前田憲男先生だし、ミュージシャンにはギターの中牟礼貞則さんなど、昔からの仲間も参加していた。録音当日はアバコをフルに使った。

歌はあとで入れ直したけれど、おふたりも全曲のオケ録音に合わせてブースでしっかり歌っている。歌手が同時に歌うことによって、演奏家のノリは格段によくなるし、音楽的なインスピレーションも生まれる。作品を聴いていただくと、その一体感がおわかりいただけるだろう。

雪村さんは、僕より少し先輩なのだけど、レコーディングにものすごく前向きでパワフルに歌い切っていらした。彼女も佐野さんも、アーティスティックな方なので、僕もふたりの意図を汲み取ろうと一所懸命コミュニケーションをとった。

『トーキョー・シック』

余談だけど、雪村さんの元の旦那さんであるベテランミュージシャン、原田忠幸さんがサックスで参加されていて、ちょっと驚いた。周りはそれとなく気を使うんだけれど、当人たちは全然気にしていなかったのもおもしろかった。

『トーキョー・シック』のＤＶＤにはレコーディング風景が収録されているので、ぜひ一発録りの雰囲気を味わって欲しい。ちょっとだけど僕の仕事ぶりも映っている。

おわりに

録音テープのリボンを、印を付けた位置を中心に人差し指と中指、薬指と親指ではさんでピーンと引っ張る。

どうハサミを入れたら、うまくつながるだろうか。90度か45度か、その間くらいか、前のテイクを残してつなぐのか、全部入れ替えるのか。切り方も腕の見せどころだった。切ったら断面をぴったり合わせてまっすぐに整え、裏をスプライシングテープで止めておく。

これは、アナログテープで録音していたときの「編集」の方法だ。これでミスを直すこともあれば、冗長な部分をカットして1曲を短くつなぎ変えることもあった。オリジナルのテープだから失敗すれば直せない。すごい緊張感だった。

専用のカッター台「スプライシング・ブロック」もあるのだけど、あんなものは使ったことがなかった。

こういう古い技術を知っていること、これは老人の特権だ。その技術を次の世代に引き継ぐこと、これもまた老人の役目だ。2000年代に入ってから、特にそういう気持ちが強まり、録音の仕事だけでなく、セミナーや講演会の仕事があればどこへでも駆け付けた。

アナログ録音の黄金時代を生きて、さらにデジタルのよさも知っている自分だからこそ、伝えられることがあると思っている。

コンピューターを使った録音が進化して、ＤＴＭや小規模なスタジオでの作業が当たり前の時代になった。日本だけでなく、世界的に見ても録音スタジオが廃れて、どんどんなくなっている。僕が録音のために通ったスタジオはもういくつも残っていない。

たとえミュージシャンがスタジオに求めるものが変わっても、録音エンジニアに求められる要件はずっと変わらないと思う。「技術」「引き出し」「コミュニケーション力」だ。

ＤＴＭ時代だから人とのコミュニケーションが希薄になりつつあるようだけど、ミュージシャンが何をどう表現したいのかは、話してみないとわからない。

録音のアイデアは思ってもみなかったときに出たりする。スタジオでの何気ない会話や自分の引き出しの奥に、それが隠れているかもしれない。そうしたアイデアを実現するために「僕はこんな技術が使える」、あるいは「自分ならこうできる」。そんなやりとりを繰り返して、僕は半世紀以上仕事を続けてきた。

音楽やオーディオをとりまく状況は芳しくない。そんな日が来るとは夢にも思わなかったけど、２０１３年には東芝ＥＭＩそのものがなくなってしまった。だけど、録音芸術はいまでもさまざまな形で楽しまれている。だから録音エンジニアがいなくなる時代はやってこないだろう。僕自身、誰かから必要とされれば、体力の続く限り録音エンジニアを続けていくつもりだ。

本書をお読みいただけるとわかるように、僕はたくさんの人のお世話になっている。わがまま放題のエンジニアだから、作曲家にも、ミュージシャンにも、プロデューサーにも、遠慮なく意見をぶつけてきた。そういうことを許してもらえたので「音職人」として行方流の録音をいままで貫いてこられたのだ。みなさまにお礼を申し上げたい。もちろん我が「ボウヤ連」のみんな、いつもありがとう。

これからレコードやＣＤを聴くときには、ジャケットから録音クレジットを探してみてもらいたい。本書が、僕に限らずエンジニアの仕事について知るきっかけになればうれしく思う。

２０１８年6月　行方洋一

タイトル	アーティスト	品番
THE MARVELOUS PIANO SOUND　怪談	舘野泉	LF91027
スキップ・ステップ・コルゲン	鈴木宏昌	LF91028
モーニング・アフター	猪俣猛	LF91029
驚異のオーケストラ・サウンド	読売日本交響楽団	LF91030
剣の舞	横内章次、外山滋	LF91031
木津ジョージ･ファースト LADY IS A TRAMP	木津ジョージ	LF91032
ウェルカム・バック!	フォー・シンガーズ	LF91033
フィメール・ボーカル・ベスト	由紀さおり、李成愛 ほか	LF91034
セカンド・フェイズ	深町純	LF91035
オーディオ・ピープル・チェック・レコード ジョイ・アンド・チェック	V.A.	LF91036
怪談 2（驚異のピアノ・サウンド）	舘野泉	LF91037
カタログ / プロ・ユース・スペシャル Vol.1	V.A.	LF91038
カタログ / プロ・ユース・スペシャル Vol.2	V.A.	LF91039
アウト・ドアー・レコーディング・ベスト	―	LF91040
ジミーズ・ジャズ・フレンズ	ジミー竹内	LF91041
ファースト・ステップ	大村憲司	LF91042
フィメール・ボーカル Vol.VII	りりィ、シルクロード hoka	LF91043
メール・ボーカル Vol.1	アリス、ダウンタウン・ブギウギ・バンド ほか	LF91044
「スターウォーズ」組曲	岩城宏之（指揮）、NHK 交響楽団	LF91045
ア・レディーズ・マン	世良譲	LF91046
フィメール・ボーカル Vol.VIII	ハイ・ファイ・セット、りりィ ほか	LF91047
ムーンライト・セレナーデ	横内章次とスーパー・ギター・バンド	LF91048
追憶 / ソロ・ピアノの魅力	前田憲男、中村八大 ほか	LF91049
ホルスト：組曲「惑星」	岩城宏之（指揮）、NHK 交響楽団	LF91050
マリ VS アンリ	中本マリ、アンリ菅野	LF91051
アビイ・ロード	ザ・ビートルズ	EALF97001
狂気	ピンク・フロイド	EALF97002
DAM ORIGINAL PROFESSIONAL HEARING TEST RECORD	V.A.	DOR0001
DAM ORIGINAL PROUSE RECORD	V.A.	DOR0002

プロユース・シリーズ

※筆者担当作のみ

タイトル	アーティスト	品番
読響ポップス	読売日本交響楽団 / リズム・セクション	LF91001
フィメール・ボーカル	欧陽菲菲、奥村チヨ ほか	LF91002
蒸気機関車	ー	LF91003
読響ポップス II	読売日本交響楽団 / リズム・セクション	LF91004
サテン・ドール	横内章次トリオ	LF91005
読響ポップス III	読売日本交響楽団 / リズム・セクション	LF91006
INTRODUCING JUN FUKAMACHI	深町純	LF91007
フィメール・ボーカル パート II	越路吹雪、小林麻美 ほか	LF91008
三味線の魅力	鶴沢駒登久 ほか	LF91010
読響ポップス IV	読売日本交響楽団 / リズム・セクション	LF91011
フィメール・ボーカル III JUST IN TIME	中本マリ	LF91012
読響ポップス V	読売日本交響楽団 / リズム・セクション	LF91013
読響ポップス VI	読売日本交響楽団 / リズム・セクション	LF91014
フィメール・ボーカル パート IV	荒井由美、由紀さおり ほか	LF91015
HIT MACHINE/ 筒美京平の世界	筒美京平	LF91016
驚異のパーカッション・サウンド	ポンタ村上、深町純	LF91017
蒸気機関車 Vol.2 SL サウンドに挑む	ー	LF91018
COLGEN WORLD	鈴木宏昌	LF91019
ガール・トーク	岡崎広志	LF91020
驚異のサウンド!パイプオルガンの魅力	齋藤英美	LF91021
蒸汽火車聲音 南国台湾に日本 SL を見た!!	ー	LF91022
ザッツ・オールド・フィーリング(フィーメル・ボーカルV)	中本マリ	LF91023
フィメール・ボーカル Vol. VI	尾崎亜美、ハイ・ファイ・セット ほか	LF91024
トゥギャザー・ウィズ・ジュン	マーサ三宅	LF91025
ニュー・インテリア・ミュージック	直井隆雄、川口真 ほか	LF91026

PRO-USE SERIES
DIRECT CUTTING

プロユース・ダイレクト・カッティング・シリーズ
（のちに「ダイレクト・ディスク・シリーズ」）

※筆者担当作のみ

タイトル	アーティスト	品番
アット・ザ・スタンウェイ　衝撃のピアノ・ソロ	深町純	LF95001
エマジェンシー	石川晶とカウント・バッファロー	LF95002
現代邦楽の魅力	邦楽４人の会	LF95003
長唄の世界	V.A.	LF95004
津軽三味線の響き	澤田勝秋、二代目木田林松栄社中	LF95005
祭りばやしの魅力	若山胤雄社中	LF95006
ピアノ・ディスタンス / 高橋アキの魅力	高橋アキ	LF95007
ザ・ファースト・バイ・スリーピー	松本英彦	LF95008
ボイリング・ポイント	横内章次、中本マリほか	LF95009
スーパー・ストリングス	すぎやまこういち（指揮）、東京弦楽合奏団	LF95010
A 列車で行こう	ザ・サード	LF95011
30 イヤーズ・イン・30 ミニッツ	北村英治オールスターズ	LF95012
狂熱のラテン	見砂直照と東京キューバン・ボーイズ	LF95013
SGT.PEPPER'S LONELY HEARTS CLUB BAND	深町純	LF95014
DUKEACES	デュークエイセス	LF95015
スーパーロック	クリエイション	ELF95016
スマッシング!	原信夫とシャープス・アンド・フラッツ	LF95017
これがタンゴだ !!	ホセ・リベルテーラとグラン・オルケスタ	LF95018
カーニバル・フロム・ブラジル	サンバトゥーキ	LF95019
スーパー・ストリングス Vol.2	大友直人（指揮）、東京弦楽合奏団	LF95021
衝撃のピアノ・ソロ / 深町純　TAKE2	深町純	LF95022
エマジェンシー・テイク 2	石川晶とカウント・バッファロー	LF95023

資料1　『HIT MACHINE/ 筒美京平の世界』（LF91016）ライナーノーツ

表

裏

録音について詳細に解説されたライナーノーツ。表面の写真は筒美京平氏、裏面は筒美氏と筆者

資料2　『衝撃のピアノ・ソロ／深町純　TAKE2』（LF95022）ライナーノーツ

表

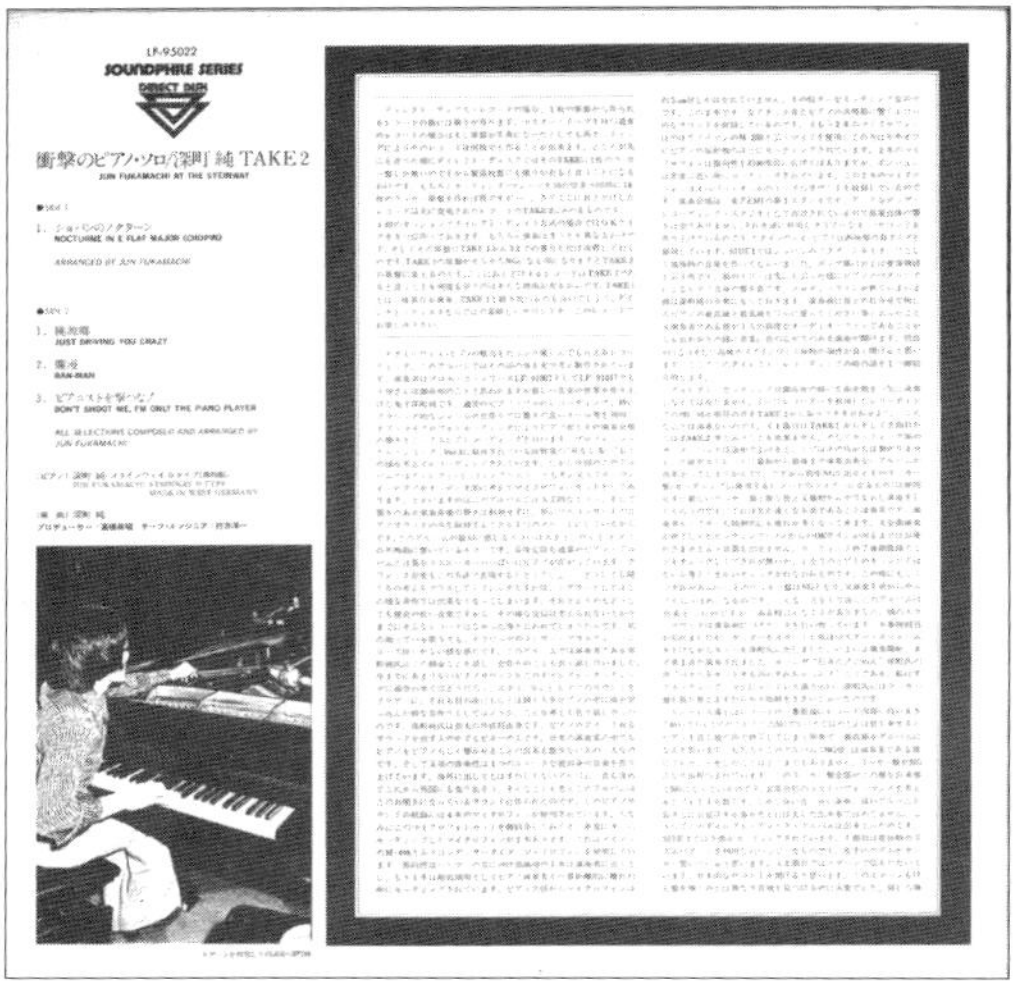

裏

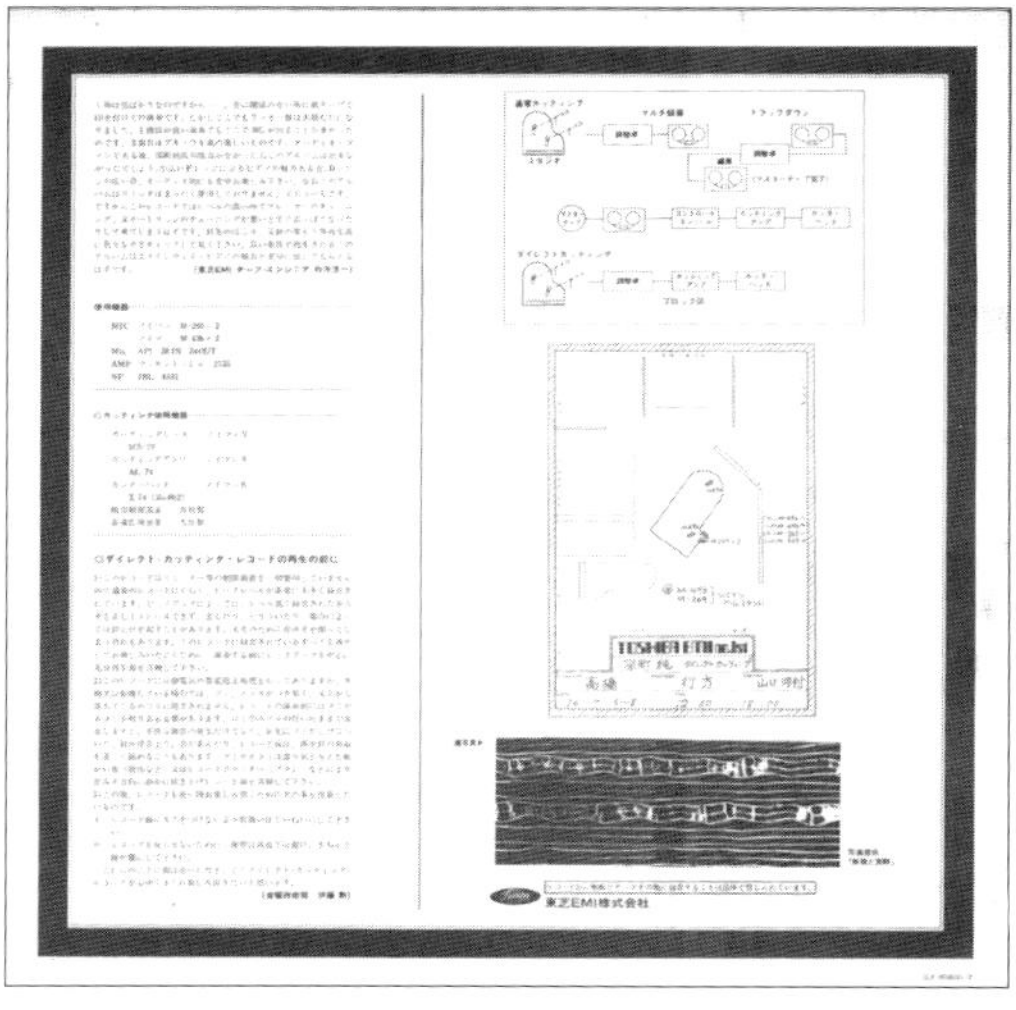

ブロック図や仕様書を用いてダイレクト録音の詳細を筆者が解説。音溝の拡大写真も掲載する

音職人・行方洋一の仕事

伝説のエンジニアが語る日本ポップス録音史

初版発行　2018年8月1日

著　行方洋一

企画　菊田有一
デザイン　高橋力、布谷チエ（m.b.llc.）
編集　ガモウユウイチ、渡邉淳也
制作　田渕浩久（DU BOOKS）
協力　前田融

発行者　広畑雅彦
発行元　DU BOOKS
発売元　株式会社ディスクユニオン
東京都千代田区九段南 3-9-14
編集　TEL 03-3511-9970　FAX 03-3511-9938
営業　TEL 03-3511-2722　FAX 03-3511-9941
http://diskunion.net/dubooks/

印刷・製本　大日本印刷

ISBN978-4-86647-057-3
Printed in Japan

DU BOOKS

細野晴臣 録音術

ぼくらはこうして音をつくってきた

鈴木惣一朗 著

これがポップス録音史だ。70年代のソロデビューから最新作まで。40年におよぶ細野晴臣の全キャリアを、その音楽活動を長きにわたり見つめてきた鈴木惣一朗が歴代のエンジニアと細野晴臣本人とともに辿る。現存する『はらいそ』『フィルハーモニー』『S・F・X』『オムニ・サイト・シーイング』『メディスン・コンピレーション』のトラックシートも収録！ 登場するエンジニアは、吉野金次、田中信一、吉沢典夫、寺田康彦、飯尾芳史、原口宏、原真人。

本体2500円＋税　A5　296ページ　好評4刷！

英国レコーディング・スタジオのすべて

黄金期ブリティッシュ・ロックサウンド創造の現場

ハワード・マッセイ 著　新井崇嗣 訳　ジョージ・マーティン 序文

1960 〜 70 年代にブリティッシュ・ロック名盤を生み出した、46 のスタジオとモービル・スタジオを徹底研究！　各スタジオの施設、機材、在籍スタッフをたどりながら、「英国の音」の核心に迫る。
エンジニアとっておきの裏話が読めるコラムも充実。名著『ザ・ビートルズ・サウンド 最後の真実』の著者が 5 年がかりで書き上げた唯一無二の大著。

本体4320円＋税　A4変型　368ページ（カラー88ページ）

アート・オブ・サウンド

図鑑 音響技術の歴史

テリー・バロウズ 著　坂本 信 訳　限定生産1,000部

英国EMIアーカイブ・トラスト共同制作！　掲載された写真と図版の点数は 850 点以上。蓄音機以前から現代の音楽配信やサブスクリプション型サービスまで、音響と録音の技術の歴史を一冊にまとめたオールカラー図鑑。時代を彩った音盤再生の名機や歴史的な録音機材の数々が登場するほか、古今の音響技術史を代表する技術考案者や開発者のバイオグラフィを掲載する。

本体7500円＋税　A4変型　351ページ　上製（スイスバインディング）

ニッポンの編曲家

歌謡曲／ニューミュージック時代を支えたアレンジャーたち

川瀬泰雄＋吉田格＋梶田昌史＋田渕浩久 著

国内の編曲家にスポットをあてた初の単行本。制作ディレクターやスタジオ・ミュージシャン、エンジニアなど多方面から証言を収集し、名楽曲を生んだ頭脳とそれを取り巻いたドラマ、知られざる事実に迫ります。また、初出しとなるミュージシャン・クレジットも多数掲載。70 年代〜 80 年代の音楽シーンにおける、消されてはならない“裏方”たちの貴重な記録。

本体2300円＋税　A5　336ページ　好評5刷！